덕선 스님의 법문 에세이 행복찾기

초판 1쇄 인쇄 2022년 4월 10일
초판 1쇄 발행 2022년 4월 20일

지은이   덕선
발행인   정지현
편집인   박주혜

대표   남배현
본부장   모지희
책임편집   김창현
편집   정영주
마케팅   조동규, 김관영, 조용, 김지현, 서영주
디자인   가필드디자인

펴낸곳   조계종출판사
주소   서울시 종로구 삼봉로 81 두산위브파빌리온 831호
전화   02-720-6107
전송   02-733-6708
이메일   jogyebooks@naver.com
등록   제2007-000078호 (2007.04.27)
구입문의   불교전문서점 향전(www.jbbook.co.kr) 02-2031-2070

© 덕선, 2022

ISBN 979-11-5580-182-6 (03220)

조계종
출판사 지혜와 자비의 눈으로 세상을 바라봅니다.

덕선 스님의 법문 에세이

행복
찾기

조계종
출판사

몇 해 전 겨울 한파가 대단했었는데 절 뒤쪽에 울타리로 심어놓은 대나무가 하얗게 말라 모두 얼어 죽었던 적이 있습니다. 봄이 되면서 뿌리가 살았던지 다시 죽순이 올라와 '죽림정사'라 이를 만큼은 아니겠으나, 주지실에서 뒷산을 보면 울타리로 둘러친 대나무의 모습이 늘 푸르러 볼 때마다 기분이 좋습니다. 대나무를 곁에서 자주 보고 살다보니 햇대는 잎이 적고 묵은 대는 잎이 많으며, 햇대는 허리가 많이 휘고 묵은 대는 차츰 허리가 곧아지며, 햇대는 초록빛이 맑고 투명하지만 묵은 대는 차츰 노란빛으로 변해가는 것이 세월에 따라 대나무도 나름 더 곧고 단단해지며 잎도 무성해진다는 것을 알았습니다.

처음 화엄사로 출가하여 저 멀리 구례 시내의 반짝이는 새벽 불빛을 바라보며 범종을 치던 때를 생각합니다. 불빛이 반짝이는 저쪽은 지금까지 내가 살아왔던 바로 그 세상이요, 깊은 산 속 어둠 속의 이곳은 새로운 길을 떠난 수행자의 결기로 번뜩이는 세상입니다.

새벽 두 시 반이면 일어나서 각 단을 돌며 법당에 촛불을 밝히고 부처
님께 청수를 올리고 스님들이 앉으실 좌복을 깔아 놓는 등 새벽예불
준비를 시작으로 이곳저곳을 뛰듯이 다니며 새벽부터 늦은 밤까지 행
자라는 이름으로 살던 때였습니다. 처음엔 너무 낯설고 힘들어서 오히
려 막막하기도 했지만 불빛이 반짝이는 저쪽 세상이 아니라 지금 여기
깊은 산사에서 새벽 범종을 치고 있다는 사실에 뭐라 말할 수 없이, 마
치 겨우 죽다 살아난 사람이 너무 다행스러워 가슴을 쓸어내리는 듯한
그 안도의 심정을 출가자들은 아마 한 번쯤 다 겪어보았을 것입니다.
"기한발도심(飢寒發道心)"이라 "춥고 배고파야 오히려 수행심이 일어
난다"고 했습니다. 시대는 갈수록 수행하기 어려운 환경에 처하고 있
지만, 역설적으로 그것은 세상 살기가 점점 좋아진다는 뜻에 다름 아
닐 것입니다. 이러한 세상에서는 오히려 출가는 한 번 하는 것이 아니
라 매일 매일이 출가가 되어야 겨우 수행심을 놓치지 않을 수 있겠다

는 생각을 자주 하곤 합니다.

뒷산 울타리로 심어놓은 대나무는 세월만큼이나 잎이 무성해지고, 곧 게 서며, 단단해지는데 수행자인 나는 출가했던 그때보다 나아진 것이 있는지 돌아보고, 돌아봅니다.

이 책은 은해사 승가대학원에서 공부할 때 은해사에서 재가불자들을 위해 개설한 불교 교양대학의 전문반 강의를 부탁받고 준비했던 강의 원고와 그동안 제가 수행하면서 나름대로 수행의 핵심을 잊지 않으려 고 써 두었던 '바다 찾기'라는 몇 편의 시를 함께 엮어 『바다 찾기』(2011 년)라는 법보시용 비매품으로 출판했던 책입니다.

부족했던 부분을 조금 더 손질하고, 그동안 법문한 내용 중 일부를 보 태어 붇다사 개산 10주년에 즈음하여 새로 법문집으로 출간하게 되었 습니다. 스님의 역할은 수행의 여정에서 때로는 도반이 되고 스승이 되며, 함께 가야 하고 또 앞서 가야 하는 자리이기에 부족한 대로 부끄러움을 무릅쓰고 법문을 하고, 또 책을 발간하게 되었습니다.

지금도 선원에서 정진하시며 상좌가 늘 수행하고 공부하기를 경책해 주시는 송전종열 은사스님 그리고 늘 부족하고 답답한 사제를 넉넉히 감싸주시고 도움을 아끼지 않으시는 화엄사 주지 초암덕문 사형스님께 감사드립니다.

불민한 제자를 늘 염려해 주시는 통도사 반야암의 요산지안 큰스님께도 감사 인사를 올립니다. 붇다사가 있기까지 도움을 아끼지 않으신 의왕 용화사 신도님들, 그리고 붇다사 동월 신도회장님과 불자님들께 깊이 감사드립니다. 부족한 원고를 책으로 엮어 주신 조계종출판사 임직원 여러분께도 고마운 마음을 전합니다.

불기 2566(2022)년 4월 10일
가림산 아래에서 덕선(德禪)

9

목차

이 글을 읽는 모든 인연들에게

잘 가시는 이여!
잘 가시는 이여!
목숨조차 내려놓고
나에게서 나에게로
바다에서 바다로
고향 길 가시는 이여!
여래如來시여!
가시어 지금 이르소서!
선서善逝[1]시여!
가시어 여기 이르소서!

---

[1] 선서(善逝) : 범어 sugata의 번역. '피안으로 잘 가신 분'이라는 뜻으로 여래 (如來)의 열 가지 이름 중 하나.

불교 예절의
기본 정신

합장

합장合掌은 상대를 향해 양손을 모아 하나를 이루는 것을 말합니다. 일반인의 인사법에는 합장이 없는데 불교 예절에만 합장이 있는 것은 불교의 하나하나의 예절 속에는 불교의 사상과 수행 정신이 깊이 스며 있음을 알 수 있습니다. 우리의 의식은 늘 너와 나, 좋고 싫음, 옳고 그름 등등의 두 가지 상대적인 개념으로 생각하는 특성이 있습니다. 이렇게 두 가지 상대적인 개념으로 생각하고 인식하게 되는 근본 원인은 그러한 생각이 일어나기 이전에 이미 능소能所가 나누어져 있기 때문입니다.

능소能所란 '나'라는 생각을 비롯해서 수많은 생각들을 일으키는 마음과 그 마음이 일으킨 대상의 개념을 말합니다. 예컨대 '나'라는 생각이 일어나면 '나'라는 생각을 일으킨 마음은 능能이 되고 '나'라는 개념은 소所가 됩니다. 이렇게 능소能所가 분리되면 따라서 '나'와 상대되는 '너'라는 개념도 성립됩니다. 이렇게 하여 주관과 객관이 분리 성립되게 됩니다.

'나'라는 '아상'의 성립은 '나'를 중심으로 과거, 현재, 미래의 시간 개념, 동서남북상하의 공간 개념, 선과 악의 도덕 개념, 아름다움과 추함의 심미 개념, 이익과 손해의 경제 개념, 진보와 보수의 정치 개념, 그리고 이에 더하여 식욕, 색욕, 명예욕, 재물욕, 수면욕 등의 욕망들과 결합하면서 다양한 이분법적 개념들을 수없이 복잡하게 발생시킵니다.

이러한 원인으로 우리가 관념을 통해서 사유하는 의식은 결국 생각을 일으키는 행위, 즉 능能과 그 일으킨 생각의 개념인 소所가 쉬어지고, 놓아지지 않는 한 아상我相[2]과 법상法相[3]을 소멸시킬 수가 없습니다. 아상과 법상을 소멸시킬 수가 없으면 아집我執[4]

---

2 아상(我相) : 실체로서의 자아가 있다는 생각.
3 법상(法相) : '내'가 있다는 아상에 대하여 실체로서의 대상 세계가 있다는 생각.
4 아집(我執) : 자아가 실재한다고 여겨 이에 집착하는 것.

과 법집法執[5]에서 벗어날 수가 없게 됩니다. 이러한 문제는 매우 중요한 일이 아닐 수 없습니다. 본래 열반적정涅槃寂靜[6]이요, 본각 本覺[7]인 부처님의 상태가 왜곡되어 일체개고一切皆苦[8]의 중생으로 바뀌게 된 근본 원인이기 때문입니다.

불교의 가르침은 능소能所가 분리되고, 주객主客이 대립하는 것을 넘어서, 인식하는 대상과 인식하는 주체가 둘이 아닌 능소 일여能所一如[9]와 주객일치主客一致[10]의 상태가 바로 무분별지無分別 智이고 수행의 목표점이 되는 이유입니다. 몸을 '나'로 인식한 '아 상'의 발생은 불교에서 말하는 공성空性[11]에 대한 이해를 단절시 킵니다. '몸'도, 몸을 '나'라고 인식한 개념(아상我相)도, 곧 공성 자 체이지만 능소가 나뉘면서 개념화되었기 때문에 단지 생각으로

---

5   법집(法執) : 교법에 얽매어 그것에 집착하여 도리어 진정한 깨달음을 얻지 못하는 것.

6   열반적정(涅槃寂靜) : 삼법인(三法印)의 하나. 윤회하는 고통을 벗어난 피안 의 세계.

7   본각(本覺) : 마음의 본성은 본래가 깨달음의 상태로 있다는 것.

8   일체개고(一切皆苦) : 인간이 무상(無常), 무아(無我)를 깨닫지 못해 온갖 고 통에 빠져 있음을 이르는 말.

9   능소일여(能所一如) : 인식의 주관과 객관이 하나가 됨.

10   주객일치(主客一致) : 주체와 객체, 주관과 객관이 하나가 됨.

11   공성(空性) : 진여(眞如)의 다른 이름. 진여는 우주 만유에 상주불변(常住不 變)하는 본체.

일어난 개념만을 볼 뿐, 생각의 본질인 공성空性 자체는 보지 못합니다. 따라서 무아無我[12] 혹은 공성空性에 대한 이해를 위해서는 반드시 '나'라는 생각(개념)의 소멸이 전제되어야 합니다.

'나'는 본래 존재하지도 않고, 존재할 수도 없는 것임에도 불구하고, '나'로 살고 있다고 믿고, 느끼고, 울고 웃고, 살아갑니다. 그러나 실상의 '나'는 영화 속의 주인공, 혹은 꿈속의 현실과 같이 '나'라는 생각으로부터 시작된 그 개념 속에서만 '나'와 '나의 삶'은 존재하고 있을 뿐입니다. 따라서 '나'라는 생각이 소멸된 상태에서만 비로소 '나'의 본질이 '나 없음' 즉 무아無我이며, 공성(空性, 식識)[13] 자체로써 '나'라는 '아상'의 발생과 동시에 성립되는 '너와 나', '좋고 나쁨' 등등의 무수한 이분법적 개념들이 본래부터 성립할 수 없는, 몸을 '나'라고 인식한 그 무명無名의 산물임을 목도(견성見性) 해야만 비로소 그 실상을 알 수 있기 때문입니다.

따라서 합장은 능소가 나뉘고 아상과 법상이 발생함으로써 나와 남이 존재하게 된 그 잘못된 두 마음을 돌이켜 다시 본래의 둘 아닌 모습을 회복하고자 하는 지극히 큰 서원이며, 합리적 수

---

[12]   무아(無我) : 그 무엇도 본래 나라고 할 것이 없음을 이름.

[13]   식(識) : 공성(空性)의 본질로써의 식(識)을 말한다. 그러나 그 식(識)이 색성 (色性, 지수화풍)과 연기(緣起)하여 이루어진 몸을 '나'라고 인식한 식(識)을 의식(意識) 혹은 마음이라 한다.

행법이라 할 것입니다. 상대를 향해서 합장을 함으로써 나만을 위하는 마음에서 나와 남을 위하는 마음으로, 나와 남을 위하는 마음에서 나와 남이라는 생각도 없는 능소일여能所一如와 주객일 치主客一致의 상태까지 나아가야 하는 것입니다. 모든 이를 부처님으로 보는 상불경보살님의 깊은 마음으로 정성 들여 합장合掌할 수 있다면 무량한 복과 무량한 지혜가 되고, 큰 반야바라밀의 성취가 될 것입니다.

절을 해야 하는 이유

참회와 서원

절은 오체투지五體投地[14]를 함으로써 자신을 한없이 낮추는 수행의 한 방법입니다. 앞에서 말씀드린 대로 우리 존재의 모든 문제는 오직 한 가지 원인으로부터 출발합니다. 그 한 가지 원인이란 곧 몸(색성色性, 지수화풍)을 '나'로 인식한 생각(아상我相)입

---

14   오체투지(五體投地) : 두 무릎과 두 팔꿈치와 이마를 땅에 붙여 절하는 것.

니다. '나'라는 생각이 곧 무명無明[15]이며, 무명의 본질인 몸과 마음이 곧 집착과 욕망의 한 덩어리인 것입니다. 따라서 '나'라는 존재가 지금 여기 '나'로서 존재하는 것만으로도 우리는 참회하지 않을 수 없습니다. 왜냐하면 '나'라는 존재는 곧 업(業, 까르마)[16]의 쌓임으로 이루어졌기 때문입니다.

업業이 없으면 윤회도 없습니다. 업業의 속성을 세 가지로 정의한 것이 곧 탐심貪心과 진심瞋心과 치심癡心의 삼독심三毒心입니다. 전생으로부터 행위한 모든 업의 쌓임이 곧 나의 현재의 몸이며, 그 전생의 업으로 이루어진 몸에서 발생하는 본능적인 욕망이 곧 지금 쓰고 있는 탐내고, 성내고, 어리석은 탐진치의 그 마음입니다.

따라서 우리들 자신의 현재 몸과 마음이 불교에서 말하는 12연기의 첫 번째 원인으로써의 그 무명無明인 것입니다. 탐심은 모든 것을 내 것으로 취하고자 하는 마음이며, 진심은 내 것을 단 하나도 빼앗기지 않으려는 마음이고, 치심은 탐내고 성내고 어리석은 마음으로 살고 있지만 그러나 그 원인을 알지 못하는 것을 말합니다. 그러한 마음은 불가피하게 남을 해쳐서라도 자신의 욕망

15   무명(無明) : 마음이 어두워 본래 있는 그대로를 보지 못하는 마음상태.
16   업(業) : 산스크리트어 karma의 번역. 몸과 입과 마음으로 짓는 선악의 행위.

을 채우려하는 맹목적 해물지심(害物之心, 이기심)[17]을 일으키게 됩니다. 따라서 우리는 인간의 몸으로 태어나 살아가고 있는 그 자체로 참회하지 않을 수 없는 것입니다.

색성(色性, 지수화풍)으로 이루어진 몸을 '나'라고 믿는 '아상'과 '내 몸', '내 것', '삶과 죽음'에 대한 집착이 남아있는 한 우리의 참회는 끝날 수 없습니다. 반대로 우리는 늘 절을 통해 이기심이 일어나는 자신을 돌아보고 참회하며, 나아가 이 욕망으로 들끓는 욕계의 몸뚱이로 이루어진 생사윤회하는 세계를 벗어나 부처님께서 이루신 "태어나지 않고, 늙지 않고, 병들지 않고, 죽지 않는" 그 니르바나의 세계를 성취하고자 서원을 세우고, 오늘의 삶을 통해 수행해 가야 하는 것입니다.

부처님께 절하는 이유

법당에서 부처님께 절하는 첫 번째 이유는 부처님이 무슨 영험이 있어서가 아니라 우리 자신의 영험함을 일깨울 수 있는 방편이기 때문입니다.

17   해물지심(害物之心) : 상대를 해치려는 마음. 이기심(利己心).

나무로 깎아 놓고, 돌로 세워 놓고, 쇳물을 부어 만들어 놓은, 생명 없는 부처의 형상에 금칠로 장엄해서 스님들이 아침저녁으로 예불하고 여러분에게도 절을 하라는 것은, 법당에 모셔 놓은 부처가 대단한 영험이 있어서가 아니라 그 모셔 놓은 부처님을 바라보고, 기도하고, 밥 먹고, 살림하고, 울고 웃고, 살아가는 우리들의 그 의식이 영험하기 때문입니다.

법당의 부처님은 우리 자신을 비춰주는 거울과 같은 존재입니다. 법당에 모셔 놓은 부처님은 곧 우리 모두가 지닌 본래 자성불自性佛[18]의 그러한 형상입니다. 나의 본래 모습을 보고, 본래 모습을 자각할 수 있도록 하기 위한 것입니다. 그리고 부처님께 절을 하면서 내가 나의 집에 계신 가족 부처님들께, 그리고 늘 함께 사는 이웃 부처님들께, 세상에 나와 함께 숨 쉬고 살아가는 모든 생명 있는 부처님들께 절할 수 있도록 그 마음과 자세를 배우고 익히기 위함입니다. 그것이 잘 되지 않으니까 절해야 합니다. 잘 못을 참회하고, 서원을 세워서 정진해야 합니다. 살아있는 부처님들께 하심下心이 잘 안 되고, 인욕忍辱이 안 되고, 대자대비大慈大悲가 잘 안 되니까 법당의 부처님께 절하고, 그와 같이 절하는 마음으로 살아갈 수 있도록 연습하는 것이 곧 사찰에서 절을 하는

---

18   자성불(自性佛) : 자기의 성품이 그대로 부처라는 뜻.

이유입니다. 절을 하면서 '나'를 소멸해 가는 것이 곧 나와 남이 모두 행복해지는 바른 길이기 때문입니다.

두 번째 이유는 인과因果 없는 기도는 없기 때문입니다. 기도에는 반드시 감응이 있습니다. 하지만 부처님께 비는 그 내용이 무엇이냐에 따라 결과 또한 큰 차이가 나기 때문에 바른 마음으로 기도해야 합니다.

사람들은 절을 하면서 소원을 빕니다. 어찌 보면 기도하는 사람들은 대부분 절박한 사람들일지도 모릅니다. 가정에 우환이 닥쳤거나, 아이의 대학입시가 눈앞에 다가왔거나, 아니면 사업이 잘되기를 바라거나, 가정이 화목하기를 바라며 기도를 할 것입니다. 대부분 사람들은 이런 이유로 기도를 올리고 절을 합니다. 이로 인해 부처님께 불공을 올리고 염불할 기회가 생겼으니 참으로 좋은 일입니다.

하지만 돈을 많이 벌어 부자가 되거나 성공해서 높은 지위에 오르면 행복과 즐거움이 찾아올까요? 꼭 그렇지 않다는 것을 모든 사람들이 다 잘 알고 있습니다. 그럼에도 불구하고 늘 그러한 기도를 드리는 것은 괴로움의 원인이 어디에 있는지 모르는 어리석음 때문입니다. 괴로움의 원인은 '나'에 대한 끝없는 갈애渴愛와 집착에 있습니다. 욕망이 이루어지기만을 바라는 기도, 원하는 것을 채우려고만 하는 기도, 그런 기도는 괴로움에서 벗어나게

해 주는 것이 아니라 오히려 괴로움을 가중시키는 기도가 될 수
도 있습니다.

"욕심이 줄고, 마음이 고요해지기를!"

"나의 삶이 나와 인연 되는 사람들에게 조금이나마 도움이
되기를!"

"빨리 니르바나를 성취하기를!"

이렇게 기도해야 합니다. 이렇게 바라는 것도 일종의 욕망이
지만 성질이 전혀 다른 욕망으로써 '서원誓願'이라고 합니다. 나와
남을 괴로움의 소멸로 인도하기 때문입니다.

불교 수행의
시작과 끝

바다 찾기 1

바람 불면 바다는
바람 부는 바다로 있으면 돼
바람 부는 만큼
흔들리고 있으면 돼

바람 불면 민들레 꽃씨는
바람 속에 있으면 돼
바람 속에 그냥
민들레 꽃씨로 있으면 돼

민들레 꽃씨가 바람에 날릴 때는
바람 부는 대로 날아가서
가는 만큼 날아가서
그냥 있으면 돼

바람이 파도를 때리고
파도가 파도를 넘어도
바람 불면 바다는
바람 부는 바다로 있으면 돼
바람 불면
바람 부는 대로 날아가서
민들레 꽃씨로 있으면 돼

— 병신 으바리 사촌같이
 천치같이—

바람 불면 바다는
바람 부는 바다로 있으면 돼

지혜로움과 어리석음

저는 머리가 아둔해서 배움도 수행도, 남들보다 더 힘들고 어려웠지 않았나 생각됩니다만 부처님 당시에도 저와 비슷한 스님이 계셨습니다. 그분은 유명한 바보 출리판타카 스님입니다. 저는 출가해서 가끔 스님들께 출리판타카 스님의 법문을 들으면 꼭 내 얘기 같아서 눈물이 핑 돌곤 했습니다.

옛날에는 지금보다 외워야 하는 것이 더 많았던 것 같습니다. 외우는 것이 수행의 전부는 아니었겠지만 기본적으로 외워야 할 것을 외우지 못하다 보니 늘 바보 소리를 듣곤 했을 것입니다. 출리판타카는 부처님께서 "비로 마당을 쓸어라!" 하고 말씀하셨는

데 '비'를 말하면 '쓸다'를 잊어버리고 '쓸다'를 말하면 '비'를 잊어버렸다고 합니다. 머리가 안 좋다는 사실을 강조하려고 한 이야기겠습니다만 그렇게 머리가 좋지 않다 보니 같이 출가했던 출리판타카의 형인 마하판타카는 그런 동생을 부끄럽게 여기고 있었습니다.

"출리판타카! 너는 머리가 좋지 않아서 더이상 공부를 해도 시간만 낭비할 뿐이다. 그러니 그만 집으로 돌아가거라."

마하판타카는 동생인 출리판타카를 그만 정사에서 내쫓아 버렸습니다. 그래서 비가 내리는 정사 입구에서 울면서 앉아 있을 때 부처님께서 울고 있는 출리판타카를 보시고 이유를 물었습니다. 그러자 출리판타카는 흐느껴 울면서 대답했습니다.

"부처님! 저는 지혜롭지도 못하고 무엇 하나 제대로 하는 게 없습니다. 그래서 지금 형에게 쫓겨났습니다."

출리판타카는 형에게 쫓겨난 사유를 부처님께 말씀드렸습니다.

"출리판타카여! 네 형 마하판타카는 내 문하에서 수행하여 이제 깨달음의 길에 접어들었다. 그러니 너도 실망하지 말고 다시 한번 내 말을 믿고 수행해 보는 것이 어떻겠느냐?"

그리고 부처님은 출리판타카에게 이런 게송을 들려주셨습니다.

어리석은 사람이 스스로를 어리석다 말하면

이런 사람은 참으로 지혜로운 사람이지만

어리석으면서도 스스로를 지혜롭다고 말하면

이런 사람은 오히려 어리석은 사람이라네.

결국 그는 정사에 남아 비로 마당 쓰는 일을 맡아 하면서 마침내 아라한과를 증득하였던 것입니다. 이 이야기는 『증일아함경』 제11권 제20 「선지식품」에 나오는 이야기입니다. 그렇다면 어떻게 머리가 그렇게 안 좋은 출리판타카 스님이 그 어려운 깨달음을 얻을 수 있었을까요? 그것이 모순이 되지 않는 이유는 무엇일까요?

우리가 흔히 '똑똑하다' 혹은 '지혜롭다'라고 말을 합니다만 이 자리에서 똑똑한 것과 지혜로운 것에 대해서 한번 생각해 봐야겠습니다. 똑똑하다는 것은 쉽게 말해서 '머리가 좋다' 이렇게 말할 수가 있습니다. 머리가 좋은 사람들은 공부면 공부, 업무면 업무, 무엇하나 못하는 것이 없습니다.

예컨대 서울대나 연·고대를 명문대라고 합니다. 그런데 서울대나 연·고대를 졸업하고 출가한 많은 수재들이 있는데 왜 깨달음을 얻어서 도인이 되었다는 말은 많지 않을까요? 그것은 머리가 좋다거나 혹은 불교에 대한 많은 축적된 지식이 곧 지혜의 성취를 담보하지는 않는다는 것입니다. 그것은 깨달음을 얻을 수 있는 완전한 조건이 아닙니다.

그렇다면 깨달음을 얻을 수 있는 좀 더 바른, 가능한 조건은 무엇일까요? 그것은 똑똑한 것이 아니라 지혜로움입니다. 상대적으로 똑똑하다는 것은 '욕심이 있는 마음'을 말하고, 상대적으로 지혜롭다는 것은 '욕심이 없는 마음'을 말합니다.

똑똑하다는 것은 마음이 욕심에 사로잡혀서 무명이 깊은 상태, 즉 탐·진·치 속에서의 생각과 그 행위를 말하는 것이고, 지혜롭다는 것은 마음에 욕심이 없어서 무명이 줄어든, 즉 밝음(明)이 증장된 상태의 생각과 그 행위를 말합니다.

무욕과 지혜는 동전의 양면과 같아서 분리해서 말할 수 없습니다. 그것을 참선 수행의 관점으로 보면 지(止, 무욕)와 관(觀, 지혜)으로 설명할 수도 있겠습니다만 지혜를 어떻게 성취할 수 있는가 하는 것은 다음 기회에 설명드리고 지금은 단순히 지혜에 대해서만 생각해 보겠습니다.

지혜의 드러남은 전체적이라서 이루 다 말할 수가 없겠습니다만 일단 우리가 보편적 가치로서 쉽게 알고 느낄 수 있는 세 가지를 예로 들자면 '정직', '용기', '성실'을 들 수 있겠습니다. 차례대로 예를 들어 지혜의 드러남을 말씀드리겠습니다.

정직과 용기, 성실

먼저 '정직'의 예를 들어보겠습니다.

옛날에 부처님께서 숲속에 앉아서 선정에 들어계셨습니다. 그때 사냥꾼에게 쫓기던 토끼 한 마리가 급히 달아나다 부처님의 가사 속으로 숨어들었습니다. 뒤따라온 사냥꾼이 부처님께 물었습니다.

"방금 토끼 한 마리가 이곳으로 왔는데 혹 못 보았습니까?"

그때 부처님께서는 말없이 손을 들어 숲속을 가리켰습니다. 그렇다면 여러분은 부처님께서 정직한 답을 하셨다고 생각하십니까? 그것은 손을 들어 가리켰지만 결국 거짓말을 한 것과 다르

지 않았습니다. 그럼 왜 부처님은 정직하지 않았을까요? 사냥꾼
에게 거짓을 말했다고 추궁을 당할 수도 있었고, 또 이러한 일이
아니라 이보다 더 큰 일을 당해서 또 그와 같은 답을 한다면 아마
도 더 큰 책임을 져야 할 수도 있을 것인데, 왜 당신께서는 거짓을
말하고 굳이 토끼를 살렸을까요? 그렇다면 진정한 정직이란 무엇
일까요?

만일 자신의 이익만을 가장 중요하게 생각하는 이기적인 사
람이 있다고 한다면 아마 그 사람은 자신의 이익을 생각하는 욕
심의 양만큼 정직할 수가 없을 것입니다. 정직하면 손해를 볼 테
니까요. 이 세상에는 자신의 이익을 위해서 거짓을 행하는 사람
이 많습니다. 뿐만 아니라 정직을 가장한, 혹은 빙자한 정직, 겉은
정직인데 속은 거짓인, 그런 정직도 있을 수 있으며, 때로는 정직
을 위한 정직도 있을 수 있겠지요? 그러므로 정직이란, 자신의 이
익을 위하는 마음이 있는 한 진정한 의미의 정직은 있을 수 없습
니다.

그렇다면 어떻게 정직한 사람이 될 수 있고, 정직한 사람을
알 수 있으며, 참된 정직은 어떤 것이겠습니까? 그리고 그 참된
정직을 어떻게 구별할 수 있고, 또 그 기준은 무엇이겠습니까? 그
것은 바로 '남을 위하는 마음'입니다. 그렇습니다. 정직이란 바로
'남을 위하는 마음의 양'이고, '그 마음의 힘'입니다. 누구나 남을

배려하고 위하는 그 양만큼만 정직할 수 있을 뿐입니다. 겉으로 드러난 정직과 부정직은 그리 중요한 것이 되지 않습니다. 때로는 거짓이 오히려 많은 생명을 살리게 되는 용기 있는 결단이 될 때도 있으니까요. 그러므로 정직이란 "이타심과 무욕의 총량에 비례한다"라는 공식이 성립될 수 있습니다. 남을 위하는 마음, 이것이 바로 참된 정직입니다.

다음은 '용기'의 예를 들어보겠습니다.

몸은 약하지만 남을 위하는 마음이 많은 사람이 있다고 가정하고, 반대로 건장한 체격을 가졌지만 이기심에 가득 찬 사람이 있다고 할 때, 만일 그 마을에 전쟁이 일어났다면 둘 중에 어떤 사람이 목숨을 던져서 싸울 수 있을까요? 건장한 체격을 가진 사람일까요? 일반적으로 우리는 그렇게 생각할 수 있겠습니다만 사실은 그러한 신체적인 조건은 아무런 상관이 없습니다. 이기심에 사로잡혀 있는 사람이라면 절대로 자기의 목숨을 던지지는 못할 것입니다. 이기적인 사람은 먼저 자기의 목숨과 자기의 이익이 그 무엇보다 중요하고 앞서는 가치이기 때문에 두렵다는 생각이 들고 또 비굴해지지 않을 수 없습니다.

그러므로 진정한 용기를 담보하는 것은 앞의 정직의 예와 같이 "이타심과 무욕의 총량에 비례한다"는 공식이 성립될 수 있습니다. 몸의 상태나 어떤 조건에 관계 없이 오직 사심 없이 남을 위하고, 그 집단을 위하는 사람만이 진정으로 자신을 던질 수 있는 용기를 낼 수 있기 때문입니다.

끝으로 '성실'의 예를 들어보겠습니다.

만일 어떤 가장이 자신의 부인과 자식을 지극히 사랑한다면 그 아버지는 부인과 자식을 위해서는 무엇이라도 감내하면서 가정을 지키고 또 가정을 지키기 위한 노력을 게을리하지 않을 것입니다. 그리하여 직장생활을 하시는 분은 열심히 직장생활을 하고, 사업을 하시는 분은 사업을 또한 열심히 하고, 농사를 짓는 사람은 농사에 전념하게 됩니다.

어렵고 고단한 삶이 아무리 힘들어도 그것을 극복할 수 있는 힘은 바로 부인과 자식을 사랑하는 마음이 있기 때문에 참고 감내합니다. 그러므로 더 성실할 수 있게 됩니다.

반대로 어떤 가장이 부인과 자식에 대한 사랑이 없고 오직 자신만을 생각하는 이기적인 사람이라면 그러한 사람은 자신의 욕망을 극대화하는 방향으로 삶을 살아가게 될 것입니다. 당연히 술, 담배, 도박 등등의 문제로부터 자유롭지 못할 것이며, 직장생활도 쉽지 않을 것입니다. 결국 자신만을 생각하는 이기적 삶은 결국 자신을 병들게 하고, 가족과 이웃들까지 모두 불행하게 만들어 버립니다. 가정의 예를 들었습니다만 남을 진정으로 생각하는 사람은 남을 위한 행동을 통해서 오히려 자신의 삶이 발전되고 풍성해집니다. 그러므로 앞의 예와 마찬가지로 참된 성실은 "이타심과 무욕의 총량에 비례한다"라는 공식이 성립될 수 있습니다.

위의 세 가지 예에서 알 수 있듯이 머리의 똑똑함이나 지식의 축적된 양이 문제가 아니라, 그 이전에 자신의 이익만을 먼저 생각하는 이기심과 남을 먼저 배려하는 이타심의 차이가 우리의 삶 속에 얼마나 큰 결과로 무의식적으로 변형되어 나타나는지를 알 수 있습니다.

이러한 기본 조건, 즉 남을 위하는 이타심인 보시바라밀의 마음이 크지 않으면 수행을 해도 발심이 잘 일어나지 않고 혹 발심이 일어났더라도 마장에 걸리게 되거나 정체되어 성장이 멈추는 근본 원인이 됩니다. 그리고 이기심은 남에게만 적용되는 것이 아니라 그 이전에 나 자신에게 먼저 그와 똑같이 적용되고, 인과因果를 받는다는 사실입니다. 자신은 의식하지 못하지만 그 이기심에 따른 과보를 벗어나지 못하게 됩니다.

내가 남에게 대하는 마음을 잘 살펴보시기 바랍니다. 그것이 곧 내가 나 자신에게 쓰는 마음입니다. 또 우리 자신이 남에게 쓰는 마음만큼 자신도 꼭 그만큼만 행복도 불행도 받고 누릴 수 있을 뿐입니다. 부처님은 부처의 마음⁽열반⁾을 누리고 있는 분이며, 부처님의 눈에는 부처님만 보일 뿐입니다. 어찌 중요하지 않을 수 있겠습니까?

보시바라밀

　　이러한 것, 즉 앞에서 예를 든 '정직', '성실', '용기' 등과 같이 지혜가 작용하고 드러나고 성장하는 원리를 이용해서 수행의 빠른 성장을 도울 목적으로 선지식께서 쉽고 적확的確하게 설해 놓으신 것이 바로 육바라밀 수행이라고 할 수 있습니다. 그렇기 때문에 육바라밀의 제일 첫째 바라밀이 이타심의 마음, 즉 보시바라밀인 이유입니다. 지혜는 무욕無欲과 분리될 수 없고, 무욕은 또한 무아無我와 분리될 수 없습니다.

　　첫 번째 바라밀인 보시바라밀은 지止, 즉 욕심을 줄이고 남을 위하는 이타심의 측면에서 수행을 시작해 가는 것이며, 관觀은 여섯 번째 즉 지혜바라밀이 됩니다. 이 둘은 분리할 수 없는 것이므로 하나가 성숙하면 다른 하나는 저절로 같이 성장하게 되는 것입니다. 그러므로 참선 수행의 지관止觀 겸수는 육바라밀을 두 가지로 줄여 놓은 것에 다름 아니라 할 것입니다. 이 세상에 그 누구라도 남을 생각하는 마음이 없는 사람은 아무도 없습니다. 그러나 다른 것이 있다면 남에게 내가 무엇을 베풀고 나서 『금강경』의 무주상 보시의 말씀과 같이 그 대가를 바라는 마음이 얼마나 있느냐 하는 문제에 있어서는 많은 차이가 있을 수 있습니다.

이렇듯 바라는 마음 없이 그저 평등한 마음과 순수한 마음으로 행하는 보시바라밀, 이것이 바로 지혜와 똑똑함의 차이입니다. 머무는 바 없이 마음을 내고, 타인에게 보시를 하되 주었다는 마음 없이 주는 것, 이것이 바로 우리가 나아가야 할 지혜의 성장 목표입니다. 남을 배려하는 마음, 즉 보시바라밀이 성숙해지면 앞에서 예를 들어 설명한 것과 같이 따라서 성실해지고, 정직해지며, 용기 있는 사람이 되고, 지계가 이루어지며, 인욕할 수 있고, 정진하며, 나아가 선정과 지혜로 완성되는 것입니다. 물이 흐르면 저절로 물레방아가 돌아가듯 남을 배려하는 보시바라밀로부터 발심도 수행도 성장도 시작됩니다.

방향을 바꿔서 다시 설명을 좀 더 하자면 다음과 같습니다.

몸을 '나'라고 인식한 무명으로부터 내가 있다는 생각(아상我

相)의 착각이 일어났습니다. 무명에서 내가 있다는 착각이 일어나면 그와 동시에 '내 것'이라는 탐심貪心의 마음이 일어나게 됩니다. '내 것'이라는 탐심의 마음이 일어나면 동시에 '내 것'을 빼앗기지 않으려는 성내는 마음인 진심瞋心이 일어나게 됩니다. 그렇게 '나'라는 '아상'은 동시에 탐심과 진심을 일으키고, 그에 비례하여 번뇌와 두려움이 따라서 일어나게 됩니다. 따라서 나라는 생각(아상我相)이 많으면 비례적으로 집착이 커지고, 비례적으로 번뇌가 커지고, 비례적으로 고통이 커지게 됩니다. 우리가 현재를 살면서 느끼는 일체의 무수한 고통들은 다름 아닌 몸을 '나'라고 하는 생각(아상我相)으로부터 비롯된 것입니다.

따라서 몸을 '나'라고 하는 생각(아상我相)이 곧 '무명의 다른 이름이며, 우리가 늘 느끼며 살아가는 집착과 두려움과 번뇌와 고통의 근본 원인입니다.

그 반대로 보시바라밀은 내가 있다는 생각, 즉 아상의 착각으로 일어난 집착을 점점 줄어들게 하여 마침내 자신을 바르게 볼 수 있는 힘을 자라게 하고 무명으로 일어난 탐내고, 성내고, 어리석은 의식을 무욕과 지혜의 밝은 의식으로 전환케 하는 첫 번째 단추를 끼우는 바라밀이 되는 것입니다. 그러므로 무욕의 참된 지혜로만 이루어지는 보시바라밀이 진정 깊어지지 않는다면 비례적으로 나머지 바라밀도 그리 힘을 얻지 못하게 됩니다.

따라서 우리가 성취하고자 하는 보시, 지계, 인욕, 정진, 선정, 지혜의 육바라밀 또한 "이타심과 무욕의 총량에 비례한다"는 공식이 성립될 수 있습니다. 따라서 남을 배려하는 이타심의 마음이 지극히 사무쳐 깊어졌을 때 비로소 보살도 부처도 이룰 수 있는 것입니다.

그러한 것을 사홍서원四弘誓願을 통해서 우리는 잘 알 수 있습니다. 남을 지극히 생각하는 사람만이 서원의 발심을 낼 수 있으며, 이러한 서원이 가슴 깊은 곳에서 일어나지 않고서는 수행을 성취할 힘 또한 생길 수 없습니다.

네 가지 큰 서원

가 없는 중생을 다 건지오리다.

끝없는 번뇌를 다 끊으오리다.

한 없는 법문을 다 배우오리다.

위 없는 불도를 다 이루오리다.

그렇기 때문에 「사홍서원」, 화엄경 「십지품」의 보살 10대원, 아촉보살 11원, 관세음보살의 32대원, 무량수경의 법장 비구 48대원, 지장보살의 지옥중생 구제원 등의 서원을 경전마다 강조하는 것입니다. 이렇듯 자리自利와 이타利他의 마음으로 나와 남을 위한 서원을 세우고 실천하는 수행자를 대승大乘이라고 부르고, 보살이라 부릅니다.

수행이 깊어지면 저절로 더 큰 발심과 서원이 자라게 되고, 그러므로 대승이 되지 않을 수 없으며, 반대로 수행이 깊어지지 않았을 때는 대승을 하고 싶어도, 즉 서원을 세우고 싶어도 마음에 발심이 잘 일어나지 않고 또 마음이 자신만의 이익을 생각하는 수행자, 즉 소승小乘에 머물게 됩니다. 굳이 말하자면 그러한 서원의 양이 곧 그 사람의 현재의 수행근기를 가늠하는 척도가 된다고 할 것입니다.

앞에서 말한 처음 주제로 돌아가서 여러분들이 모두 "부처님의 법을 배우고 보살행을 닦아 마침내 성불하리라!" 하는 서원이 있을 것입니다. 그 서원을 이루기 위해서는 똑똑해야 하는 것도 아니고, 또 무엇을 많이 알아야 하는 것도 아니라는 것을 지금까지 말씀드렸습니다. 무엇보다 가장 중요한 것은 곧 남을 배려하는 마음으로써 보시바라밀布施波羅蜜, 무욕無欲, 서원誓願, 하심下心, 인욕忍辱 등을 잘 이해하고 실천하는 것입니다.

또한 어떤 원리로 나에게 이익이 되고 남에게도 이익이 되는지 바른 이해와 믿음이 필요합니다. 그리고 이러한 가장 기본적인 것들을 몸에 익히기 위해서 부단히 노력해야 하며 성불을 이루는 그날까지 오직 가장 기본적인 것에 충실해야 합니다.

불교는 어렵지 않습니다. 다만 가장 기본적인 것들이 우리들의 삶 속에서 더욱 깊이 이해되고, 익어지고, 더욱 사무치도록 하는 일일 뿐입니다. 그것이 수행입니다. 그것이 우리가 얻으려 하고 또 이루려 하는 그 지혜의 전부인 것입니다. 기본을 떠나지 마십시오. 시작도 이곳이고 끝도 이곳일 뿐입니다.

부처님과
보살

바다 찾기 3

바다가 그리운 이여
동해바다 푸른 파도가 그리운 이여
강물이 되어야 갈 수 있는 바다를
강도 되고 물도 되어 가고 계시네
그대 가시는 길에 사람들 만나거든
강원도 정선 아라리
그 하염없는 곡조가 목에 메이듯
사람들 손 잡아주며 웃고 가시게
길에서 만난 이여
그대의 손은 참 따뜻하지 않은가
그대의 따뜻한 손으로 내 손 잡아주니
내 손 이렇게 따뜻한 것을….

지식과 지혜

먼저 지혜라고 하는 것은 "자신이 누구이며 지금 여기 왜 존재해 있는지 그리고 그 존재의 본질은 무엇인지에 대한 이해"를 말합니다. 그 이해의 깊이가 곧 그 사람의 지혜의 양이라고 할 수 있습니다. 반면에 지식이란 "자신이 누구이며 지금 여기 왜 존재해 있는지 그리고 그 존재의 본질은 무엇인지에 대한 이해 이외의 모든 앎을 말한다"고 할 수 있습니다.

손자는 "나를 알고 적을 알면 백전백승이라" 했고, 노자는 "병을 병으로 알면 병이 병이 되지 않는다"고 했습니다. 나의 본성을 아는 사람은 불필요한 욕망을 일으키지 않습니다. 그러나 지혜가 결여된 지식은 욕망의 무기가 되어 많은 사람들에게 피해를 주는 도구가 되기도 합니다. 의사의 손에 있는 칼은 사람을 살리지만 강도의 손에 있는 칼은 사람을 죽일 수도 있습니다. 『화엄경』에는 "소가 물을 마시면 우유가 되고 뱀이 물을 마시면 독이 되듯이 지혜롭게 배우면 깨달음을 이루고 어리석게 배우면 계속 나고 죽는다"고 했습니다.

우리는 지식의 홍수 속에 살고 있습니다. 모두가 대학을 나오고 대학원을 나온 사람들이 정치를 하고 있고 사회의 지도층을 이루고 있지만, 세상은 늘 부조리와 불합리로 어지럽습니다. 사회가 욕망의 끝없는 충돌의 장이기 때문입니다. 지식이 없기 때문이 아니라 지식을 슬기롭게 쓸 수 있는 지혜가 없기 때문입니다. 지식이 많아서 오히려 더 어지럽고 불행하다면 그 지식은 없느니만 못합니다.

그러나 지혜로운 사람의 지식은 결코 그렇지 않습니다. 내 존재의 본질을 알고 나면 아는 만큼 욕심이 없는 공의의 사람으로 성숙하고, 또 남을 위하고 배려하는 마음이 저절로 일어나기 때문입니다. 그것이 지혜입니다. 그러므로 우리가 많은 돈과 시간을 들이는 초등학교부터 대학교육에 이르기까지, 그리고 그 이후까지 이어지는 지식의 무한 축적이 자칫 자신은 물론 남에게도 전혀 도움이 되지 않는 방향으로 잘못 쓰일 수도 있다는 사실입니다. 이것이 바로 지혜가 결여된 지식의 맹점입니다.

그렇다면 어떻게 지혜를 성취할 수 있을까요? 그리고 지혜를 성취한 사람은 어떤 변화가 일어나며, 그 지혜의 본질은 무엇일까요? 그 지혜에 대하여 생각해 보겠습니다.

불교 용어 중에는 유난히도 '본다' '알아차린다'라는 의미의 말이 많습니다. 그것은 그만큼 중요한 말이기 때문입니다. 중생은 실상實相[19]은 보지 못하고 단지 생각으로만 헤아려 자신이 많이 알고 있다고 착각하는 존재입니다. 그러나 수행이 깊어지면 깊어진 만큼 비례적으로 생각이라는 관념화가 줄어들고, 그만큼 바로 보고 아는 직관의 능력이 커집니다. '여실지견如實知見'[20]이란 있는 그대로 본다는 말입니다. 수행은 생각을 줄이고 보는 능력을 키우는 작업입니다. 이러한 직관直觀[21]의 능력을 『금강경』에서는 다음의 다섯 단계로 구분합니다.

① 육안肉眼 : 중생이 지닌 육신의 눈으로 가시적 물질만을 볼 수 있다.

[19] 실상(實相) : 모든 것의 있는 그대로의 참모습.

[20] 여실지견(如實知見) : 사실과 꼭 같이 안다는 뜻.

[21] 직관(直觀) : 본질을 직접 보고 아는 일.

② 천안天眼 : 중생의 전생을 볼 수 있다.

③ 혜안慧眼 : 일체의 현상이 공성空性임을 볼 수 있다.

④ 법안法眼 : 공성空性을 보는 눈으로 현상계의 온갖 사리事理를 분명하게 볼 수 있다.

⑤ 불안佛眼 : 각자覺者의 눈을 불안이라 한다. 제법실상諸法實相을 모두 비추어 보는 눈이다.

"백 번 듣는 것이 한 번 보는 것만 못하다", "백문이불여일견 百聞而不如一見"이라는 말도 있습니다만 불교 수행에서 말하는 보는 능력은 자신의 내면을 보는 능력을 말합니다. 자신의 내면을 보는 능력에 따라서 육안肉眼에서 불안佛眼까지 다섯 단계로 나눈 것을 알 수 있는데, 이러한 능력의 차이는 실상實相을 생각으로 헤아려 판단하느냐 아니면 있는 그대로 보고 판단하느냐의 차이입니다. 이러한 정보의 정확성과 부정확성의 차이로 말미암아 중생이 되기도 하고 부처가 되기도 합니다.

예컨대 우리가 시골의 어둑한 길을 걷다가 새끼줄을 보고 뱀인 줄 착각하면 누구나 깜짝 놀라게 됩니다. 그것은 새끼줄을 뱀으로 착각했기 때문에, 즉 정보의 부정확성으로 놀라게 된 것입니다. 이렇듯 인식한 정보가 왜곡되었다면 당연히 왜곡된 인식으로 인하여 착각을 일으킬 수밖에 없고, 이러한 착각은 그에 따르는 잘못된 결과를 초래하게 됩니다.

　일반적으로 사람들의 정보 수집 능력은 외부적인 방향으로만 치우쳐 발달되어 있습니다. 그리고 육안으로 보이는 현상적인 것을 볼 수 있을 뿐입니다. 그러므로 자신의 내면은 한 번도 신경 써본 일도 없고, 또 그 내면의 문제가 있다는 사실조차 전혀 모르고 있습니다. 이러한 사실은 결국 정보가 외부의 정보, 즉 지식만 있을 뿐 우리 자신의 내면의 정보인 지혜가 없으므로 당연히 '나'라는 실체가 있고 '세계'라는 실체가 있다는 고정관념의 틀로서만 자신과 대상세계를 인식하고 느끼며 살 수밖에 없습니다.

　내 존재의 실상을 바르게 보지 못한 정보 부재의 상황, 이것을 무명無明이라고 합니다. 이 무명의 상황에서는 당연히 부정확한 판단을 할 수밖에 없고, 그 부정확한 판단으로 말미암아 나에 대한 집착이 일어나게 되고 집착으로 말미암아 전혀 겪지 않아도 될 악순환, 즉 윤회와 그에 따르는 생로병사의 고통을 되풀이하게 됩니다.

　우리가 '나'라는 실체가 있고 '세계'라는 실체가 있다고 착각하는 것은 예컨대 우리가 영화관에서 영화를 볼 때 스크린 위에 비춰지는 영상을 보면서 그것이 실상이라고 착각하는 것과 같습니다. 만일 스크린을 만져보고 살펴보고 따져본 사람은, 그리고 영상이 멈춰진 상태에서 스크린을 보고 또 영상이 비춰지고 있는 상태에서 스크린을 본 사람은 둘을 함께 비교해 볼 수 있을 것입니다. 그것이 그저 영상일 뿐 실상이 아니라는 사실을 바로 알게 될 것입니다. 문제는 지금까지 우리 마음속에 생각이라는 영상만을 보아왔을 뿐 그 바탕이 되는 스크린은 한 번도 본적이 없다는 사실입니다.

왜 그 스크린을 볼 수가 없었을까요? 그것은 일어난 생각에만 현혹되었을 뿐 그 생각의 바탕에 무엇이 있는지 전혀 살펴보지 않았기 때문입니다. 그저 자세히 살펴보지 않았던 그것이 원인입니다. 그 바탕을 살펴보기 위해서 우리가 수행을 하고 있는 것입니다. 그 바탕을 자세히 살펴보기 위해서는 먼저 스크린에 영상이 없어져야 합니다. 잠시라도 생각이 일어나지 않는 무념의 상태가 되어야 비로소 그 스크린 자체를 볼 수 있게 되는데, 그 생각의 바탕이 되는 스크린을 본 것을 일러 '견성見性했다', '성품을 보았다', '깨달았다'라고 합니다. 그렇게 우리 마음의 그 바탕의 본질을 확연히 본 사람은 자신이 누구이며, 여기 왜 존재해 있는지 그 존재의 이유에 대해 알 수 있게 됩니다. 그러므로 중생과 부처는 큰 차이가 없습니다. 자신의 성품을 보았느냐 보지 못했느냐의 차이가 있을 뿐입니다.

지혜를 성취한 사람의 변화

　　부처님께서 태어나신 후에 바로 일곱 걸음을 걸으시고 "천상천하유아독존天上天下唯我獨尊"이라 선포하셨다고 했습니다. 여기서 말하는 태어남은 어머니에게서 태어남을 말하는 것이 아니라 무명의 중생에서 깨달은 부처로 거듭 태어남을 의미합니다. 따라서 '태어나서'라는 말은 곧 '깨닫고 나서'라는 의미가 됩니다. 그리고 "일곱 걸음을 걸었다"는 것은 "지옥, 아귀, 축생, 아수라, 인간, 천상의 그 육도윤회하는 세계를 일곱 걸음을 걸음으로써 벗어났다"고 해석합니다.

　　그렇다면 "천상천하유아독존"이라는 말은 무슨 뜻일까요?

말 그대로 직역을 하면 "하늘 위와 하늘 아래에 오직 나 홀로 존귀하다"라는 말입니다. 우리 중에 누군가가 "천상천하에 오직 나 홀로 존귀하다"라고 말을 하면 다들 천하에 건방진 놈이라고 말할 것입니다. 부처님께서 건방져서 그런 말씀을 하진 않으셨겠지요? 그 말씀 속에는 참으로 깊은 뜻이 있습니다.

부처님 자신이 깨닫고 보니 "내가 있고, 그 대상으로서의 세계가 있는 것이 아니라 본래 나눌 수 없는 나 홀로의 존재(불이不二, 공空)로 있다"라는 깨달음의 오도송悟道頌입니다. 중생과 부처의 차이는 단 한 가지의 차이입니다. 즉 몸을 '나'라고 하는 아상我相이 있느냐, 없느냐의 차이뿐 다른 것은 없습니다. 예컨대 만일 '나'로써 세계를 보면 모든 것들이 하나하나의 대상으로 나타납니다. 따라서 모든 것은 너와 나, 삶과 죽음, 좋고 나쁨 등등의 이분법으로 성립됩니다. 그러나 '나'라는 '아상'이 소멸된 눈으로 보면 문득 대상으로서의 세계는 사라지고, "나 홀로 존귀한" 그 진여眞如의 통일된 큰 자아의 세계가 현현되어 체감되는 것입니다.

그와 같은 체감은 곧 무아無我의 성취를 의미합니다. 무아無我란 내가 존재하지 않는다는 의미가 아닙니다. 존재하지 않는다면 어떻게 여기 있는 이 건물들 그리고 지금 존재하는 저와 세상과 여러분들은 무엇이겠습니까? 무아無我라는 말은 오히려 나의 몸과 마음을 포함한 우주 전체가 곧 '나空'라는 것을 의미합니다. 전

우주가 통일된 '자아自我'라는 것을 말하는 것이 곧 무아의 참 의미입니다. 없는 것이 생겼다는 것이 아니라 무명의 본질인 이 '나'라는 생각이 소멸되고 나면 지금 '나'로서의 존재, 그리고 나의 대상으로서의 존재는 착각이었을 뿐, 변함없이 "천상천하유아독존"의 상태로 늘 그렇게 존재하고 있었을 뿐임을 명확하게 체감하고, 확인하게 되는 것이 곧 깨달음입니다.

예컨대 바다의 파도가 자기 자신이 물방울인 줄만 알았는데 자세히 보니까 물방울 자체가 곧 바다였다는 것이지요. 바다가 물방울이고 물방울이 그대로 바다라는 것입니다. 따라서 '나'라는 '아상'이 소멸한 무아無我의 세계가 곧 "천상천하유아독존"의 부처님 세계며, 죽고 사는 일이 없는 진여眞如의 세계입니다. 그 완전한 지혜를 '열반'이라 하고 그 상태를 열반사덕(涅槃四德, 깨달음의 네 가지 공덕)으로 설명합니다.

① 상常 : 영원하며
② 락樂 : 항상 즐겁고
③ 아我 : 통일된 존재쏯이며
④ 정淨 : 일체번뇌가 없다.

지혜의 본질

지혜의 본질은 삼법인三法印입니다. 연기(緣起, 제행무상)와 공(空, 제법무아) 그리고 열반(涅槃, 열반적정)에 대해서는 삼법인을 설명하는 자리에서 자세히 설명할 것이므로 여기서는 틱낫한 스님의 공존共存, 부처님의 연기법緣起法,[22] 그리고 저의 글을 보태어 부처님의 법을 대표하는 연기緣起와 공空에 대한 설명을 대신하겠습니다.

만일 당신이 시인이라면 이 한 장의 종이 안에서 구름이 흐른다는 것을 분명히 볼 것입니다. 구름이 없다면 비는 내릴 수 없고, 비가 내리지 않는다면 나무는 자랄 수 없습니다. 그리고 나무가 자라지 않는다면 종이를 얻을 수 없습니다. 종이가 존재하기 위해서는 구름이 필수입니다. 만일 구름이 이곳에 없다면 종이도 여기에 있을 수 없습니다. 그러므로 구름과 종이는 서로 공존한다고 말할 수 있습니다.

우리가 이 종이 안을 더욱더 깊이 들여다보면 햇빛을 볼 수 있습

22　연기법(緣起法) : 모든 현상은 무수한 원인과 조건이 상호작용하여 생성 소멸한다는 부처님의 가르침.

니다. 햇빛이 없다면 숲이 성장할 수 없고, 아무것도 자랄 수 없습니다. 뿐만 아니라 우리 인간들조차 생존할 수 없습니다. 그러므로 햇빛 또한 이 한 장의 종이 안에 있다는 것을 알 수 있습니다. 종이와 햇빛은 서로 공존합니다.

우리는 또한 이 한 장의 종이 안에서 나무를 베어 종이가 되도록 제재소로 운반해 간 나무꾼을 봅니다. 나무꾼이 매일 빵을 먹지 않고는 살 수 없다는 것을 보고, 빵의 재료인 밀가루를 봅니다. 그리고 나무꾼의 아버지와 어머니를 봅니다. 우리가 이와 같이 바라볼 때, 이러한 모든 것들 없이는 한 장의 종이가 존재할 수 없다는 사실을 깨닫습니다.

더 나아가서 우리는 우리 자신이 종이 안에 있음을 봅니다. 우리가 종이를 바라볼 때 종이는 우리 지각知覺의 일부이므로 이렇게 보는 것은 어렵지 않은 일입니다. 당신의 마음과 내 마음이 이 안에 있습니다. 참으로 세상의 모든 것이 종이와 함께 있다고 말할 수 있습니다.

시간과 공간, 땅과 비와 광물질, 햇빛과 구름, 그리고 강과 열기 등등 이곳에 있지 않은 것은 하나도 없습니다. 삼라만상이 이 한 장의 종이와 공존합니다. '존재하다'라는 의미는 결국 공존共存을 뜻합니다. 당신은 홀로 존재하지 못합니다. 다른 모든 것들이 존재하기에 비로소 존재할 수 있는 이 한 장의 종이처럼 우주의 삼라만상

과 공존해야만 합니다.[23]

    만약 우리가 이 종이 안에 공존하는 수많은 요소들 가운데 하나를 그 근원으로 돌려보내려 한다고 가정해 봅시다. 가령, 햇빛을 해에게 돌려보내려 한다고 말입니다. 그런 뒤에도 이 종이가 존재할까요? 아닙니다. 햇빛이 없이는 아무것도 존재할 수 없습니다. 햇빛뿐만 아니라 나무꾼 등 다른 요소들이 없어도 마찬가지입니다. 이처럼 이 종이는 종이 아닌 요소들로 이루어졌습니다. 우리가 이들 종이 아닌 요소들을 그 근원으로 돌려보낸다면 종이는 존재할 수 없습니다. 이렇게 얇은 종이 안에 우주의 삼라만상이 공존하는 것입니다. 그러므로 부처님께서 말씀하셨습니다.

이것이 있으므로 저것이 있고   此有故彼有

이것이 생기므로 저것이 생긴다   此生故彼生

이것이 없으므로 저것이 없고   此無故彼無

이것이 멸하므로 저것이 멸한다.   此滅故彼滅

23   틱낫한 지음·강옥구 옮김, '공존(共存)', 『틱낫한 스님의 반야심경』, pp.15~17, 장경각, 2003.

그렇다면 지금 제 앞에 있는 당신은 누구입니까?

지금 당신 앞에 있는 저는 또 누구입니까?

'나'라는 생각이 있으면 '너'라는 생각이 있게 되고

'나'라는 생각이 없으면 '너'라는 생각도 없어집니다.

'나'라는 생각이 강하면 '너'라는 생각도 강해지고

'나'라는 생각이 약하면 '너'라는 생각도 약해집니다.

'나'에 대한 집착이 강한 만큼 '나'에 대한 번뇌도 강해지고

'나'에 대한 번뇌가 강한 만큼 '나'에 대한 고통도 강해집니다.

'나'라는 생각이 있으면 모든 존재는 '나'의 대상이 되고

'나'라는 생각이 없으면 모든 존재는 '나 자신(공空)'이 됩니다.

서원

　　보살 중에는 지장보살님이나 관세음보살님과 같이 완전한 깨달음에 도달하였으나 중생을 위해 성불하지 않겠다고 서원하신 보살이 있습니다. 그리고 아직 수행이 완성되지 않은 미완의 보살, 즉 위없는 지혜를 구하여 자신을 이익케 하고, 모든 바라밀을 닦아서 남을 이롭게 하며, 나아가 미래에 불타의 깨달음을 얻겠다고 서원한 보살이 있습니다. 이 두 종의 보살이 있으나 한 가지 공통점이 있으니 그것은 모두 '서원'을 통해서 자신의 삶을 성취하여 왔으며, 서원을 통해 성취하는 삶을 이뤄간다는 것입니다.

　　지금까지 우리는 보살님들을 기도하고 의지해야 하는 대상으로만 인식하고 있었는지 모릅니다. 하지만 그보다 중요한 것은 우리도 서원을 세우면 그러한 보살이 될 수 있다는 것입니다.

핵심은 바로 서원입니다. 지장보살의 서원을 세우면 지장보살이 되고, 관세음보살의 서원을 세우면 관세음보살이 될 수 있다는 것입니다. 여러분이 그와 같이 서원을 세우면 곧 그러한 존재가 되고, 그러한 삶을 지금 이 현실 속에서 성취할 수 있다는 것입니다. 경전 속의 문자로 읽는 보살이 아니라 욕망 속에 불타고 있는 나의 현재의 삶 속에서 살아 숨 쉬는 보살이 되라는 것이며, 또 얼마든지 될 수 있다는 것입니다.

마음의 비밀은 참으로 미묘한 것입니다. 그러한 서원을 진심으로 발원하면 『화엄경』에서 말씀하신 "초발심시변정각初發心時便正覺"이라, "처음 발심한 때가 곧 정각을 이룬 때"라고 했듯이 몰록 그렇게 되는 것입니다.

저의 사제가 한 분 있는데 자기가 하기 싫은 일을 부탁하면 미루면서 반 핑계, 반 농담으로 이런 말을 하곤 합니다.

"맘먹는 게 한 3년 걸려서 그렇지요. 마음만 먹으면 딱 한 시간이면 끝낼 수 있습니다."

그렇습니다. 맘만 내면 7일이면 끝나는 일이 바로 성불하는 일이라고 했습니다. 마음먹는 게 몇 년 혹은 몇 생애가 더 있어야 한다면 그 발심이 일어날 때까지 우리는 또 중생의 몸으로 무명과 일체개고의 고통 속에서 살아야 할지 모릅니다. 그렇다면 왜 그러한 서원을 강조하는 것일까요? 우리가 흔히 대승과 소승을 큰 배와 작은 배에 비유하기도 합니다.

예컨대 쇳덩어리로 만들어진 배가 바다에 가라앉지 않고 많은 사람을 실어 나를 수 있는 것은 그 배가 바다에 가라앉지 않는 부력의 원리를 이용했기 때문입니다. 또 쇳덩어리로 만들어진 비행기가 사람을 몇 백 명씩 태우고 거기다 더해서 화물을 가득 싣고 하늘을 날아오를 수 있는 것도 양력의 원리를 이용했기 때문입니다.

왜 모든 선지식들은 남을 위하는 마음을 강조하고 또 더하여 서원을 세우라고 말씀하실까요? 그것은 그러한 이타심과 서원이 바로 배가 가라앉지 않고, 비행기가 하늘을 날아오르는 원리와 같이 우리를 고해의 바다에서 피안의 언덕으로 건너갈 수 있게 하는 가장 요긴한 원리가 되기 때문입니다. 이러한 아주 쉽지만 중요한 원리 때문에 남을 위하는 마음과 서원을 특히 강조하는 것입니다. 바다에 뜰 수 없을 것 같고, 하늘을 날 수 없을 것 같은, 그 불가능을 가능으로 만든 기적 같은 일이 지금은 상식이 되었듯이 남을 배려하는 마음이 깊어진 보살의 서원은 그렇게 기적처럼 우리가 빠져있는 고해에서 나와 남을 가장 쉽고 또 가장 빠르게 벗어날 수 있도록 해 주는 가장 요긴한 핵심 원리이기 때문입니다. 깨달음을 성취하신 선지식들께서는 그 또한 너무나 당연한 상식이 아닐 수 없습니다. 그러므로 경전에서는 '서원'을 강조하고 또 강조합니다.

천수천안관세음보살

천수千手는 "천 개의 손을 가진 보살"이라는 뜻입니다. 천 개의 손을 가진 보살이라니! 정말로 천 개의 손을 가진 사람이 여러분 앞에 나타난다면 아마 흉측한 괴물이 나타났다며 "걸음아 날 살려라" 하고 모두가 혼비백산 달아날 것입니다.

천수千手의 뜻은 손이 천 개 달린 사람의 뜻이 아니라 그 손의 쓰임이 "천 개의 역할을 하는 손"이라는 뜻으로써 천수입니다. 우리는 모두가 두 개의 손을 가지고 있습니다. 그러나 그 두 개의 손이 쓰일 때는 누구를 위해서 쓰입니까? 나의 가족을 위해서, 나의 재물을 위해서, 나의 명예를 위해서, 나의 행복을 위해서 그렇게 자신을 위해서 쓰입니다.

　중생은 모두가 자신만을 위해서 손을 씁니다. 그러므로 한 개의 손이 있을 뿐입니다. 그러나 관세음보살님은 자신을 위해서 쓰는 손이 아니라 모든 사람을 위해서 쓰는 손이기 때문에 천수千手입니다. 그러므로 '대자대비'라고 합니다. 나만을 위하지 않고 모두를 함께 걱정하며 모두를 돕고자 힘쓰시는 분이 관세음보살님입니다. 여러분도 늘 관세음보살님께 기도하실 때마다 여러분들의 손이 두 개, 세 개, 열 개, 백 개로 자꾸자꾸 불어나는 손이 되기를 서원하시고 관세음보살님을 닮아가는 삶이 되시기를 바랍니다.

　천안千眼은 "천 개의 눈을 가진 보살"이란 뜻입니다. 천안이란 깨달음을 성취하여 무명의 어둠 속에서 벗어나 자성을 밝힘으로써 자신과 세상의 모든 일들을 밝게 비추어 볼 수 있게 된 사람의 밝은 지혜의 눈, 즉 부처님의 불안佛眼을 상징한 표현입니다.

　자신의 손을 천수의 손으로 쓸 수 있는 것은 그 마음이 이미 천안으로 본성이 밝아졌기 때문입니다. 천안은 지혜를 상징하고 천수는 자비를 상징합니다. 천수천안은 부처님의 밝은 지혜와 대자대비大慈大悲의 다른 이름입니다.

　관세음觀世音을 직역하면 "세상의 소리를 본다"라는 뜻입니다. "세상의 소리를 듣는다"가 아니고 왜 군이 '본다'고 했을까요? 먼저 '세상의 소리'가 어떤 뜻으로 쓰였는지 살펴보아야 하겠습니다. 몸을 '나'라고 하는 '아상'이 있으면 항상 탐내는 마음, 성내는 마음, 어리석은 마음의 소리가 끊임없이 일어나게 됩니다. 우리의 삶은 늘 몸을 '나'라고 하는 '아상'으로 반연된 탐진치의 마음에서 일어나는 일체 욕망의 소리로 해가 뜨고, 해가 집니다. 따라서 내 마음의 소리가 곧 '세상의 소리'입니다. 밖에서 들리는 소리는 당연히 듣는다고 합니다.

그러나 내 마음, 즉 머릿속에서 일어나는 생각들은 듣기 이전에 보아야(알아차려야) 하는 것입니다. 참선 수행자들이 화두를 드는 이유이며, 간화선看話禪[24]의 그 '간'자가 볼 '간看'자인 이유인 것입니다. 불교에서 가장 강조하는 수행의 핵심이 곧 관觀, 간看, 반조返照, 조견照見, 견성見性 등의 글자들로써 본다, 살핀다, 돌이켜 본다, 비추어 본다, 성품을 본다 등의 글자인 이유입니다.

관세음보살의 뜻은 곧 우리 마음속에서 쉼 없이 일어나는 무수망념의 생각들을 일어남과 동시에 알아차리라는 뜻에 다름 아닙니다. 따라서 자신의 마음속에서 일어나는 탐진치의 소리를 늘 살피는 사람은 마침내 관세음보살의 삶을 이루고, 마음속에서 일

---

[24] 간화선(看話禪) : 화두 없이 참선하는 묵조선(默照禪)에 반하여 화두(話頭)를 들고 참선 수행하는 방법.

어나는 소리를 살피지 못하는 사람은 결국 중생으로 살게 된다는 뜻입니다. 관세음보살의 다른 이름이 "보는 것이 자유자재하다"고 하는 "관자재보살觀自在菩薩"이며, "천 개의 눈을 가진 분"이라 하는 이유인 것입니다. 우리들이 '나'라는 '아상'에서 일어나는 무수한 욕망의 소리들을 늘 살피고, 또 살펴보아 마침내 관세음이 되고, 관자재가 될 수 있다면 욕계의 사바세계가 오히려 모두가 행복하고 아름다운 연화장세계가 될 것입니다.

보살은 보디사트바bodhi-sattva를 중국어로 음역한 보리살타菩提薩埵의 준말입니다. '보디bodhi'는 '깨달음', '삿트바sattva'는 '중생'을 뜻하므로 보살은 '깨달은 중생' 혹은 '깨달음을 구하는 중생'의 뜻이 있습니다. 보살을 높여 불러 '보살마하살菩薩摩訶薩'이라 하는데, '마하살摩訶薩'은 '마하사트바mahā-sattva'를 소리 나는 대로 적은 것으로, '위대한 중생'이라는 뜻입니다.

중생과 보살을 좀 더 구체적으로 업생業生과 원생願生으로 설명하기도 합니다.

업생業生은 태어나고 싶다고 태어나고, 태어나기 싫다고 멈출 수 있는 것이 아니라 선택의 여지 없이 자신이 지은 까르마, 즉 업력業力의 힘에 이끌려 태어나는 중생을 '업생業生'이라 합니다.

원생願生은, 수행을 통해서 '나'에 대한 집착이 소멸되면 업業이 더이상 지어지지 않습니다. 업이 지어지지 않으면 당연히 윤회할 동력이 없으므로 윤회가 이뤄질 수 없습니다. 그러나 고통받는 중생들을 위해 대자대비의 큰 서원을 세우고, 스스로 업業을 지어 그 서원한 업력業力의 힘으로 다시 태어나는 사람을 '원생願生'이라 합니다. 법당에 모셔놓은 관세음보살, 지장보살 등의 보살님들은 그와 같은 분들을 상징적으로 나타내 모셔놓은 분들입니다. 지금 현존하는 대표적인 분으로 티베트의 달라이라마와 같은 분이 있습니다.

보살에는 두 가지의 개념이 있습니다.

첫째는 수행이 완성되어 열반을 이룰 수 있음에도 열반을 선택하지 않고, 고통받는 중생을 위해 다시 윤회를 선택한 완성된 보살로서의 '보살마하살'입니다.

둘째는 예컨대 마음에 이기심이 49%가 있고 이타심이 51%가 있는 사람이 있다면 그는 곧 1%의 보살이라고 할 수 있습니다. 그는 또한 1%의 진정한 행복을 향유하는 사람입니다. 그렇게 차츰차츰 이기심과 욕망이 줄어들어 마침내 100%의 이타심(무심無心)을 성취하면 곧 무아無我의 아뇩다라삼먁삼보리, 즉 위없는 지혜(부처)를 이루게 됩니다. 따라서 이타심의 성장 계위(보시바라밀과 지혜바라밀은 비례)에 따라 성문·연각·보살·부처의 단계로 설정하기도 하고 『화엄경』에서는 좀 더 자세히 나누어 52계위로 설정해놓기도 했습니다.

삼법인

바다 찾기 5

가야 할 길을
분명히 아는 이의
진일보進一步

주저하거나
비겁하지 않게
전신全身으로
떨어져 내리는 폭포

던져놓고 사는
황홀한 목숨이여!

산다는 것과
죽는다는 것이
모두 부질없어라

백척간두百尺竿頭
돌아보지도 않고
떨어져 내리는
폭포여!

삼법인과 공

삼법인三法印은 불교의 가장 핵심이 되는 '공空'을 좀 더 구체적으로 나누어 설명한 것입니다. 공空이라는 개념을 어떻게 쉽게 설명할 것인가? 이 문제는 부처님으로부터 모든 조사스님들에 이르기까지 항상 고민스러운 문제가 아닐 수 없었을 것입니다. 할 수 있는 대로 좀 더 쉽고, 좀 더 구체적이고, 좀 더 논리적으로 설명할 수 없을까 고민한 결과 얻어진 결론이 곧 삼법인三法印, 오온五蘊, 십이처十二處, 십팔계十八界 등의 설명입니다. 뿐만 아니라 부처님의 팔만사천법문과 보살들의 무수한 논서들이 어쩌면 이 공空이라는 한 글자를 설명하기 위함이었다고 해도 크게 지나친 말이 아닐 것입니다.

　그러나 삼법인에 대한 설명은 어찌 보면 참 바보짓이 아닐 수 없습니다. 설명할 수도 없고 또 이해할 수도 없는 것을 설명하고 또 이해시키려 하기 때문입니다. 이 공空을 이해하는 것은 결국 불법을 체험하고 깨달아야 알 수 있는 것입니다. 예컨대 수박이라는 과일을 전혀 모르는 사람에게 수박에 대해서 그리고 수박 맛에 대해서 아무리 설명을 한다 해도 결국 먹어봐야 알 뿐 언설로 이해시킬 수 없는 것과 같습니다.

　그럼에도 불구하고 이해를 시키기 위해서 선지식들께서 이렇듯 고구정녕했던 것은 바른 이해가 이루어지면 비로소 큰 발심을 일으킬 수 있기 때문입니다.

삼법인이란

　제행무상인諸行無常印, 제법무아인諸法無我印, 열반적정인涅槃寂靜印을 삼법인三法印이라 하고, 일체개고인一切皆苦印을 더해 사법인四法印으로 설명하기도 합니다. 법法이란 범어 다르마Dharma를 의역한 말로 '석가모니 부처님의 가르침'을 뜻하고, 인印이란 도장을 찍는다는 뜻으로 틀림없다는 것을 증명하는 것입니다. 그런데 사실 삼법인이란 공空한 제법실상諸法實相의 모습을 세 가지 특징을 잡아서 설명한 것입니다. 당연히 제법실상의 늘 그러한 모습을 표현한 것이므로 깨달은 사람에게는 전체적으로 동시에 체험되어질 뿐 나눌 수 있는 것이 아닙니다. 이 현존재의 체험을 어찌 나눌 수 있겠습니까?

깨달은 부처님께서 중생들에게 제법諸法의 실상인 공空을 이해시키고자 하였으나 설명할 방법이 없습니다. 그래서 그 드러난 현상적인 특징을 잡아서 불가피하게 셋으로 나누어 설명한 것입니다. 예컨대 수박은 그냥 수박이라는 과일일 뿐입니다. 수박의 실상을 아는 사람에게는 굳이 그것을 나누어 설명할 필요도 없고, 또 나눌 수도 없습니다.

그런데 만일 수박을 전혀 모르는 사람에게 어떻게든 수박을 이해시켜야 할 필요성이 있다면 그 특징을 잡아서 설명을 해야 합니다. 첫째, 껍질은 푸른 줄무늬 빛이 나는 둥그런 과일이다. 둘째, 그 과일을 자르면 속은 까만 씨가 박혀 있고 과육은 붉은빛이 난다. 셋째, 그 맛은 물이 많고 달며 시원하다. 이렇듯 하나의 공空을 현상적現象的인 모습과 본질적本質的인 내용 그리고 체감할 수 있는 맛의 세 가지 특징을 잡아서 설명한 것이 바로 삼법인三法印입니다.

부처님의 세계를 승의제勝義諦라 하고, 중생의 세계를 세속제世俗諦라 해서 나눌 수 없는 동일한 법계 실상의 세계를 나누어 설명하기도 하는데 그렇게 나누면 공空의 세계를 나타낸 삼법인은 승의제가 되고 십이연기와 육도윤회를 설명한 일체개고一切皆苦는 세속제가 됩니다. 잘 이해해야 하는 것은 하나의 공空한 세계가 깨달음을 성취한 사람에게는 삼법인의 실상으로 체감되고 무명의 중생에게는 일체개고와 육도윤회의 실상으로 체감된다는 것입니다. 그리고 이러한 삼법인과 일체개고, 승의제와 세속제는 모두 한 가지 조건 즉 몸을 '나'라고 하는 생각(아상我相)이 있느냐 없느냐의 조건의 차이로 나뉜다는 사실입니다.

공의 의미

일반적으로 우리가 흔히 허공虛空이라는 말을 씁니다. 글자의 뜻 그대로 푼다면 '빈 공간'이라는 뜻이 될 것입니다만 빈 공간으로써의 허공은 있을 수 없습니다. 우리가 늘 보고 있는 하늘은 절대 아무것도 없는 허공이 아닙니다. 또 일반적으로 공간空間이라는 말도 자주 씁니다. 그러나 이 또한 제법의 실상에는 맞지 않습니다. 우리가 일반적으로 쓰는 시간과 공간이라는 말은 실상과는 전혀 다른 마음이 만든 관념화된 허상의 세계일 뿐입니다.

당연히 공간과 공과는 중생과 부처와의 차이만큼이나 큰 차이가 있습니다. 허공과 공간은 공의 실상을 바로 인식하지 못한 결과로 인식된 세계입니다. 반면에 공空이란 그러한 잘못된 인식이 아닌 제법실상諸法實相의 있는 그대로의 모습을 말한 것입니다. 이 공空이라는 개념을 좀 더 구체적으로 잘 드러낸 것이 진공묘유眞空妙有라는 표현입니다.

공空과 진공묘유眞空妙有

여러분들이 절에 오실 때마다 법당 처마에 달린 풍경을 보시고 또 그 소리를 듣곤 합니다. 그러나 풍경에 왜 물고기를 달아놓았는지는 잘 모르십니다. 왜 풍경에는 꼭 물고기를 달아놓았을까요? 깨달음을 얻으신 선지식들께서는 그렇게 사소한 것에도 우리에게 깨달음을 주고자 하는 간곡한 배려를 읽을 수 있는 대목이기도 합니다.

물고기를 달아놓은 이유는 "우주는 물속과 같은 진공묘유眞空妙有의 세계이며, 진공묘유의 세계는 바로 지금 여기! 풍경소리를 듣고 있는 바로 너의 의식! 그 자체이다!"라는 것입니다. 풍경이 달려있는 하늘은 우리가 보는 것과 같이 그냥 텅 빈 허공이 아니라 물고기가 사는 바다와 같이 지금 풍경소리를 듣는 이 자리가 바로 식識이 이루어가는 연기緣起의 바다이면서 동시에 하나로 통일된 세계, 즉 "나지도 않고 없어지지도 않으며, 더럽지도 않고 깨끗하지도 않으며, 늘지도 않고 줄지도 않는" 그 반야심경의 공성空性의 세계라는 것입니다.

예부터 중생이 깨달음을 구하는 것을 "물고기가 물속에서 물을 찾는 것과 같다"고 했습니다. 풍경에 물고기를 달아놓은 이유입니다. 예를 한 가지 들어보겠습니다. 옛날에 조주 선사께서 수유 선사를 찾아가서 아무 말 없이 법당 문을 열고 들어가 눈을 감고 온 법당 안을 더듬었습니다. 그때 마침 법상에 앉아 계시던 수유 선사께서 그 광경을 보고 물었습니다.

"무엇을 찾고 있는가?"

"물을 찾고 있네."

"법당 안에는 한 방울의 물도 없네."

그러자 조주 선사께서 즉시 일어나서 벽을 더듬으면서 나가 버렸습니다. 법당에 한 방울의 물도 없다고 하니 즉시 일어나 벽을 더듬으면서 나가 버린 뜻은 무엇일까요? 어떤 답을 하여야 바른 답이 될까요?

진제 큰스님은 경신년(1980) 동안거 결제법문에서 이 법문을 하시고 대중에게 물어 답이 없자 다음과 같은 게송을 읽고 법상을 내려오셨습니다.

수유화상주장자 茱萸和尙挂杖子

무변홍파리표류 無邊洪波裏漂流

수유 선사의 주장자가

가없는 바다 거친 파도 속에 표류함이로다.

—진제 선사 법어집 『석인대소』에서 인용

    조주 선사는 수유 선사의 깨달음의 깊이를 시험해 보신 것입니다. 이러한 것을 선문답禪問答이라고 합니다. 조주 선사의 질문에 수유 선사는 문제 자체를 이해하지 못했음을 알 수 있습니다. 조주 선사는 수유 선사가 깨닫지 못했음을 바로 알아차리고 밖으로 나가 버렸습니다. 도대체 무엇을 보고 그러한 사실을 알았을까요?

    조주 선사의 질문은 법당을 더듬으면서 물을 찾는다고 했습니다. 왜 우물가에서 물을 찾지 않고 법당에서 물을 찾는다고 했을까요? 제가 만일 수유 선사였다면 "이리 가까이 오시게" 하고는 바로 주장자로 한 방 세게 후려치고서 "어떤가? 물맛이 시원하신가?"라고 했을 것입니다. 진제 스님께서 송한 내용 또한 "수유 선사의 주장자가 가없는 바다 거친 파도 속에 표류한다"라고 했습니다. 이 게송의 뜻 또한 일맥상통한 말임을 쉽게 알 수 있습니다.

『금강경』에는 부처님께서 수보리에게 다음과 같이 말씀하십니다.

"부처님께서 수보리에게 고하시되, 무릇 형상 있는 바가 다 허망한 것이니 만일 모든 상相이 상相 아님을 보면 곧 여래如來를 보리라."

이 말씀에서 우리가 간과해서는 안 될 것이 바로 '여래如來를 보리라'한 말씀입니다. 이 말은 곧 '공(空, 식識)을 보리라' 하는 말로 대치할 수 있습니다. 무명 속에서는 전체와 분리되어 있다고 착각한 '아상我相'으로 말미암아 '나'로서 세계를 보게 되지만 깨달음 속에서는 착각이 해소되어 무엇과도 결코 분리되어 있지 아니한 세계, 즉 '나' 없지만 통일되어 존재하는 '공성空性'의 세계를 보게 됩니다. '나'라는 몸과 생각 또한 바로 '공空', '진공묘유眞空妙有' 그 자체임은 말할 필요도 없습니다. 그것이 곧 그것입니다. 그러나 '나'라는 한 개체로서 존재한다고 믿게 되는 것은 오직 무명으로 발생된 착각에 의한 것일 뿐입니다.

제행무상인

사람들은 누구나 계절이 바뀌는 것을 알고, 또 생로병사하는 현실을 느끼고, 보고, 이해하고 있습니다. 그러나 부처님의 눈으로 보는 제법의 실상과는 큰 차이가 있습니다. 왜냐하면 '나'라는 '아상'이 실상세계를 바르게 볼 수 없게 하기 때문입니다. 중생이란 늘 흐르는 물을 잡으려 합니다. 그러나 지금 잡으려 하는 그자신이 흘러가는 바로 그 물이라는 것을 이해하지 못합니다. 물이 물을 어찌 잡을 수 있단 말입니까? 왜 이런 착각에 따른 집착이 일어날까요? 중생은 실상인 공성空性을 보지 못하고 끊임없이 업식業識에 일어나는 생각만을 보게 됨으로써 결국 관념화된 그

허상만을 보기 때문입니다. 스크린에 비친 허상을 실상으로 보고 있다는 말입니다.

물이 흐르듯 제법의 실상은 '나'라는 주체가 없이 변하고 흘러갑니다. 그러나 중생에게는 허상의 '나(아상我相)'가 있음으로써 대상화된 세계를 볼 뿐 주객이 없어야 볼 수 있는 실상세계는 보지 못합니다. 그 잘못된 인식(무명無明)으로 잘못된 판단을 하고 의식이 제법의 실상을 바로 파악하지 못하게 됩니다. 따라서 '나'를 기준으로 관념화된 과거, 현재, 미래의 시간으로 그리고 '나'를 중심으로 전후좌우상하의 공간으로 인식하고 잘못 판단하게 되는 것입니다. 그렇게 잘못 판단한 정보는 아상我相과 법상法相, 아집我執과 법집法執을 일으키게 되고, 따라서 일체개고一切皆苦의 왜곡된 현실이 됩니다.

예를 들어 여러분이 어제를 기억하는 그 기억이 없다면 과거는 있을 수 없습니다. 현재와 비교할 수 있는 어제의 기억이 있으므로 오늘이라는 개념이 성립되고 과거와 현재를 전제하고 비교해서만 미래를 상정할 수 있습니다. 본래 제행무상諸行無常의 시時가 '나'의 기억을 전제로 과거, 현재, 미래의 시간으로 개념화되어 인식되어진 것이며, 제법무아諸法無我인 공 또한 '내 몸'을 전제함으로써 전후좌우상하의 공간으로 개념화되어 인식되는 것과 같은 것입니다. 따라서 시간과 공간은 "오직 마음이 지었다"고 하는 것입니다.

'각주구검刻舟求劍'이라는 고사가 있습니다. 중국 초나라 사람이 배를 타고 강을 건너다가 들고 있던 칼을 물속에 빠뜨렸습니다. 그러자 그는 곧 칼이 떨어진 자리에 칼자국을 내 표시를 해 두었습니다. 이윽고 배가 언덕에 닿자 칼자국이 있는 뱃전 밑의 물속으로 뛰어 들어가 칼을 찾았습니다. 그러나 칼이 그 자리에 있을까요? 배에다 칼자국을 내놓고 칼을 찾는 것이나, 우리가 생각으로 '나'를 상정하고 잘못 집착하는 것이 완전히 동일한 모순입니다.

우리가 자신의 몸을 '나'라고 집착(아집我執)하고 세상을 '나'와 상대적인 실체로 집착(법집法執)하는 것이 바로 이 '각주구검刻舟求劍'[25]의 어리석음입니다. 찰나찰나 흐르는 강물처럼(제행무상諸行無常) 변화함에도 우리들 마음에는 '나'라는 아상我相과 법상(法相, 배에 낸 칼자국)의 그 생각으로 만들어진 허상 속의 세계에 끊임없이 집착함으로써 거듭거듭 괴로움이 발생하게 되는 것입니다.

'나' 없이 우주는 늘 변화해 갑니다. 단 한 순간도 멈추어 있지 않습니다. 그것이 제법실상의 모습입니다. 제행무상은 부처님

---

25 각주구검(刻舟求劍) : 배 밖으로 칼을 떨어뜨린 사람이 나중에 그 칼을 찾기 위해 배가 움직이는 것도 생각하지 아니하고 칼을 떨어뜨린 뱃전에다 표시를 하였다는 뜻. 『여씨춘추(呂氏春秋)』 「찰금편(察今篇)」에 나오는 말이다.

이 만든 것도 아니고 누가 어찌할 수 있는 것도 아닌 우주의 법칙이고 질서일 뿐입니다. 부처님께서는 그러한 이치를 깨닫고 그것을 고구정녕 말씀해 주셨을 뿐입니다.

『금강경』에서 말씀하신 "응무소주이생기심應無所住而生其心" 즉 "머무는 바 없이 그 마음을 내라"한 뜻이 바로 여기에 있습니다. 머무는 마음이 곧 '내가 있다'고 고집하는 아상我相입니다.

"과거심불가득過去心不可得 현재심불가득現在心不可得 미래심불가득未來心不可得"이라, "과거심도 얻을 수 없고, 현재심도 얻을 수 없고, 미래심도 얻을 수 없다"고 했습니다. 즉 관념화된 일체의 것들은 '내가 있는' 마음이며, 곧 머무는 마음입니다. 그 생각의 가장 깊은 뿌리에는 제법諸法의 실상實相을 보지 못하는 정보 부재의 무명(나)이 있고 그 무명으로 말미암아 바탕이 되는 스크린(空)을 보지 못하고 비친 '나'라는 아상만을 보고 '나'를 실체로 잘못 인식하고 집착하게 된 것이 곧 무명의 본질입니다. 무심無心이 되어서 이러한 이치를 바르게 깨달은 사람을 일컬어 소승사과小乘四果 중 성인의 경지에 처음 들었다 하여 수다원須陀洹이라 하는데, 그 수다원과를 입류과(入流果, 흐름에 들어간 계위)라 하는 이유입니다. 흐름에 들어가기 위해서는 '나'라는 '아상'이 없어야 비로소 가능합니다. 노자는 도덕경에서 이 자리를 무위자연無爲自然, '함이 없이 저 스스로 그러하다'라고 표현했습니다. '나'가 있는 한 제행무상(연기緣起)의 흐름과 제법무아(공空, 불변不變)의 실상은 체감할 수 없습니다.

그러므로 깨달음의 세계인 삼법인三法印은 '나 없는' 행복한 열반적정의 본디 그러한 모습으로 체감되지만 '나'라는 아상이 있는 미혹한 중생에게는 전도되어 십이연기로 거듭거듭 육도윤회를 이루는 일체개고의 몸뚱이(지수화풍, 지옥)로 살아야 하는 고통에 빠지게 됩니다.

제법무아인

　　제법무아인諸法無我印은 공간적으로 볼 때 현상계의 모든 사물(諸法)에는 고정된 실체(無我)가 없다는 말입니다. 그런데 이렇게 제법무아라고만 해서는 제법무아의 본뜻이 드러나지 않습니다. 이 부분은 예컨대 수박의 속과 같이 공성空性의 질(식識)에 해당합니다.

　　공성空性의 질 역시 몇 가지 특징이 있습니다. 먼저 『반야심경』에서 설한 공空을 인용하겠습니다.

　　"사리불이여! 물질이 공과 다르지 않고, 공이 물질과 다르지 않으며, 물질이 곧 공이요, 공이 곧 물질이니, 느낌과 생각과 지어

감과 의식도 그러하니라. 사리불이여! 이 모든 법의 공한 모양은 나지도 않고 없어지지도 않으며, 더럽지도 않고 깨끗하지도 않으며, 늘지도 않고 줄지도 않느니라."

인용한 『반야심경』의 내용과 같이 제법무아의 몇 가지 특징을 잡아서 설명해 보겠습니다.

공空은 둘이 될 수 없다

여러분과 저는 지금 공한 제법(諸法, 모든 존재) 속에 있으며 그 제법의 공성과 본질이 다른 것은 아무것도 존재하지 않습니다. 미혹하면 낱낱의 개체로 드러나지만 깨달은 분의 눈에는 낱낱의 개체란 없습니다.

예컨대 '1'이라는 숫자는 우리가 하나라는 뜻의 개념의 기호로 쓰고 있습니다. 숫자 또한 언어와 다르지 않습니다. 우리가 약속해서 쓰는 개념의 기호(의미)일 뿐입니다. 1+1=2가 되겠지요? 그러나 이 제법의 실상에는 이러한 정답은 존재하지 않습니다. $1+1=2=0$, $10 \times 10=100=0$, $100-50=50=0$, $10 \div 2=5=0$과 같이 모든 수를 더하든 빼든 나누든 곱하든 모든 정답은 영원히 '0(공空, 불이不二)'이 될 뿐입니다. 제법실상인 공성空性은 더하고, 빼고, 나누고, 곱할 수 있는 그러한 성질의 것이 아닙니다.

우리가 돈을 벌어서 큰 부자가 되기도 하고 가난하게 살기도 하며 손해를 본 것 같기도 하고 이익을 본 것 같기도 하지만 그것은 미혹되어서 그런 생각을 짓는 것일 뿐 실제로는 절대 그런 일은 없습니다. 즉 '나'라는 기준을 가지고 있을 때에 그러한 계산이 맞는 것처럼 보이지만 실상은 '나'라고 할 것이 없기 때문입니다. 그리고 공의 세계에서는 절대 이익도 없고 손해도 없습니다. 그저 공으로 있을 뿐입니다.

돌아가신 이병철, 정주영 두 분이 그동안 모은 재산을 자신의 것이라고 생각하고 살았겠지만 실상은 자기 것이 될 수 없습니다. 그저 본인만의 생각일 뿐입니다. 먼저 자기가 있어야 무엇이든 자기 것이 있을 수 있습니다. 그러나 자기도 없는 공한 존재가 어디다 자기 것을 쌓아 둘 수가 있겠습니까? 자기가 있다면 당연히 죽지도 말아야 합니다. 설령 죽었다 하더라도 자기 것이 존재한다면 당연히 죽어서 가는 곳으로 가져갈 수도 있어야 하고 다시 가져올 수도 있어야 합니다. 그런 일을 여러분은 보신 적이 있으십니까?

우리는 낱낱의 개체로 자신과 남을 구분하고 내 것과 남의 것을 구분하지만 낱낱의 개체로 이해하는 그 '나'라는 생각이 없어지면 그것이 참으로 어리석은 생각일 뿐임을 알게 됩니다. 그러므로 공空을 바르게 이해하면 집착이 줄고 제법이 본래 무상無常한 것(연기緣起, 몸)과 영원(공空, 불변不變)한 것임을 알아 부처님의 세계에 좀 더 깊이 접근할 수 있게 됩니다.

공空은 같은 질質로서 평등하다

모든 것(제법諸法)은 평등합니다. 왜냐하면 모두 동일한 하나의 공空으로 성립되어 있기 때문입니다. 우열이 있을 수 없고, 좋고 나쁨이 존재할 수 없습니다. 예컨대 금으로 팔찌를 만들기도 하고, 가락지를 만들기도 하며, 비녀를 만들기도 하고, 귀걸이를 만들기도 합니다. 그렇게 여러 가지의 장신구를 만들지만 그 장신구들의 질은 한 가지 금으로 동일할 뿐입니다.

그와 같이 존재하는 지렁이, 모기, 개, 고양이, 인간, 나아가서 산이나, 바다, 허공이나, 별들까지 우주의 그 무엇도 나와 다른 둘로 존재할 수 없습니다. 그러므로 그 어떤 것과도 동일한 "색즉시공色卽是空 공즉시색空卽是色" 즉 "물질이 곧 공이요, 공이 곧 물질이다"라고 하듯 동일체이므로 평등하지 않을 수 없습니다. 미생물이든 지렁이든 혹은 개미든 그 미물의 의식이나 인간이 지닌 의식이나 그 의식의 질도 또한 전혀 차이가 없습니다. 동일한 공성의 식識일 뿐이기 때문입니다. 그러므로 모든 미물도 또한 영물이 아닐 수 없습니다. 미물보다 인간이 뛰어나다고 생각하는 것은 중생들의 미혹된 생각으로써『금강경』에서는 그러한 생각들을 중생상衆生相으로 설명했습니다.

공空의 질質은 식識이다

　공空의 질質이 식識이기 때문에 지구와 같이 생명이 탄생할 수 있는 조건이 되면 언제든지 생명이 탄생하고 진화(물질과 화합하여 이루어진 몸을 '나'라고 집착해서 외부환경에 '내'가 존재하기 유리한 쪽으로 정보를 축적해 진화하고 윤회함)해 갈 수 있는 것입니다. 여러분이 '나'로서 존재를 느끼고, 책을 읽고, 말하고, 행동하고, 생각할 수 있는 것도 공空의 질質이 식識이기 때문에 가능한 일입니다.

　만일 우주의 어느 별에 생명이 탄생할 수 있는 조건(지地·수水·화火·풍風)이 충족된다면 그곳에서도 당연히 생명은 탄생할 수 있습니다. 왜냐하면 우주의 그 어느 곳도 다 공성空性이며 본질本質이 식識이기 때문입니다. 그러므로 색성(色性, 지수화풍)인 물질을 집착해 '나'라는 생각을 일으킨 그 미혹 또한 발생할 수 있으며 무수한 동식물들이 각각의 환경의 인연과 업業을 따라서 탄생하고,

윤회하며, 진화해 나갈 수 있는 것입니다.

　부처님은 제행무상諸行無常을 말했을 뿐 시간을 말하지 않았고, 제법무아諸法無我를 말했을 뿐 공간을 말하지 않았습니다. 만일 시간과 공간이 있다면 오대(五大, 地水火風空)가 아니라 칠대(七大, 地水火風,時間,空間,空)가 되어야 합니다.

　제행무상이란 "모든 존재는 항상하지 않다"라는 뜻인데 『반야심경』을 보면 오히려 "나지도 멸하지도 않고, 더럽지도 깨끗하지도 않고, 늘지도 줄지도 않는다"고 하니 서로 모순되는 듯이 볼 수 있습니다만 그렇지가 않습니다. 가장 이해하기 어려운 부분일 수 있습니다만 사물과 사물의 사이(間)로서 공간이 인식되는 것은 마음이 관념화해서 이해한 것일 뿐 실상의 모습이 아닙니다.

　연기緣起되어진 몸을 '나'라고 잘못 생각한 '아상我相'으로 말미암아 '나'로서 대상세계를 보는 주체자主體者가 전제되면 세계는 제법무아諸法無我의 실상實相인 공성空性으로 파악되지 않고 오히려 낱낱의 개체로 드러나게 됩니다. 그렇게 사물이 낱낱의 개체로 파악되면 '나'를 기준으로 나와 대상인 사물, 그리고 사물과 사물의 사이, 즉 공간으로 인식됩니다. 제행무상諸行無常이 시時와 시時 사이, 즉 지난 시간의 기억을 전제로 해서 과거, 현재, 미래의 시간으로 인식되는 것과 같습니다.

　순간순간 쉼 없이 연기되고 있는, 결코 내 것이 될 수 없는 이 몸뚱이를 '내 몸'이라고 잘못 집착한 의식이 '나'라는 '아상我相'과 '아집我執'을 낳음으로써 잘못된 집착으로 말미암아 무엇과도 둘이 아닌 식識, 즉 공성에 대한 이해의 단절을 낳았고, 그 단절로 인해서 '나'와 '세상과 우주'가 분리 존재하는 것으로 잘못 착각한 상태가 중생인 것입니다.

따라서 우리는 가상현실에 살고 있는 꿈꾸는 존재입니다. 왜 우리가 느끼고 살아가는 당연하고 확실한 것 같은 이 현실을 꿈 속의 가상현실이라고 하는 것일까요? 그것은 먼저 시간과 공간이 있기 위해서는 반드시 '나'와 '내 몸'이 있어야 합니다.

그러나 제행무상諸行無常의 존재로서 '나'와 '내 몸'은 흐르는 강물과 같이 지금 이 순간도 쉼 없이 연기緣起되어 변해가고 있을 뿐입니다. 고정된 실체로써 '나'와 '내 몸'이 있다고 믿고 있는 것은 착각일 뿐입니다. '나'와 '내 몸'은 어디에도 결코 존재할 수 없습니다.

석가모니 부처님께서 2,500년 전 돌아가셨다고 하지만 이 공空한 자리에선 돌아가신 일도 없고 태어나신 적도 없습니다. 그냥 그 자리에 있었고 저도 여러분 또한 그렇습니다. 이것이 공성(공空, 불변不變)의 본질입니다. 우리의 이 몸뚱이와 세상과 우주가 순간순간 쉼 없이 연기緣起되고 있는 것을 부정하는 것이 아닙니다. 다만 연기되고 있는 이 몸뚱이에 잘못 미혹되어 '나'라는 집착을 일으키고 그로 인해 '나'라는 꿈을 꾸고 있는 그 착각에 대한 자각이 필요할 뿐입니다. 깨어나면 그냥 그 자리, 본래 어디로 간 적도 온 적도 없습니다.

열반적정인

열반적정인涅槃寂靜印은 예컨대 수박의 맛과 같다고 할 수 있겠습니다. 부처님은 삼법인三法印의 열반의 세계인데 왜 중생에게는 고통스러운 십이연기와 윤회가 되고, 나눌 수 없는 통일된 하나의 법계는 사라지고, 각각의 '나'로서 존재하며, 모든 존재들이 낱낱의 대상으로 인식되고, 깨달은 이에게는 가장 행복한 열반적정涅槃寂靜의 세계가 오히려 일체개고一切皆苦의 고통스런 삶이 되는 것일까요?

이것은 지수화풍地水火風과 공空의 연기로 이루어진 본래 '나'라고 할 것이 없는 몸을 '나'라고 잘못 착각한 '아상'(무명)에 의한 관념화(생각)로 만들어진 세계, 즉 너와 나, 삶과 죽음, 시간과 공간의 세계로 잘못 인식했기 때문입니다. 너무나 간단한 한 가지 이유로 우리는 이렇게 중생이 되어 있는 것입니다. 따라서 『금강경』에도 무명의 본질인 아상我相·인상人相·중생상衆生相·수자상壽者相을 여의라고 거듭 강조합니다.

연기緣起, 공짜의 세계 또는 공짜 없는 세계

자신의 몸을 '나'라고 인식한 '아상'이 있는 한 이 세상에는 단 하나의 공짜도 있을 수 없습니다. 이것을 연기법이라 합니다. 그러나 반대로 나 없는 무아無我의 세계인 열반적정의 세계에서는 오히려 그 무엇 하나도 공짜 아닌 것이 없습니다. 이 두 세계의 모순이 그대로 연기법임에는 변함이 없습니다. '나'가 있는 한 허망한 탄생과 죽음의 끝없는 윤회를 이루게 되고, '나'가 없는 '무아'의 세계에서는 오히려 십이연기와 윤회 그리고 일체개고의 삶이 모두 꿈속의 일이 아닐 수 없습니다.

부처님의 눈에는 중생도 없고 부처도 없습니다. 오직 공空이 있을 뿐입니다. 십이연기와 윤회도 그리고 일체개고 또한 공空일 뿐입니다. 업業 또한 공空일 뿐입니다.

지옥에 간다거나 극락에 간다고 하지만 지옥에 가는 놈도 내가 아니고, 극락에 가는 놈도 내가 아닙니다. 왜냐하면 '나'는 없기 때문입니다. '나'라고 한 착각이 지옥이 되고 극락이 될 뿐입니다.

다시 정리하면 다음과 같습니다.

제행무상인諸行無常印은 깨달은 이에게는 공성空性인 그 식識이 바다(해인삼매海印三昧)처럼 보이지만 중생에게는 십이연기와 윤회 그리고 과거, 현재, 미래의 시간으로 인식됩니다.

제법무아인諸法無我印은 깨달은 이에게는 그 무엇과도 분리되지 않는 존재 자체로 통일된 법계의 세계이지만 중생에게는 통일된 법계는 오히려 '나'와 대상세계로 나타나고 팔만사천의 차별상과 공간으로 인식됩니다.

열반적정인涅槃寂靜印은 깨달은 이에게는 모든 번뇌가 소멸되어 평화로운 상태, 즉 영원하며(常) 항상 즐겁고(樂) '나 없는 나'(空)로써 존재하며(我) 일체 번뇌가 없는(淨) 공성空性의 한 가지 질과 그 맛(一味)으로써 열반적정을 느낍니다. 그러나 '나'라는 아상이 있는 중생에게는 그 집착한 몸과 마음이 무명이 되어 일체개고의 고통스런 현실로 나타납니다. 그러므로 자신의 몸을 '나'라고 인식한 '아상'이 소멸되면 삼법인(三法印, 공짜의 세계) 속에 있게 되고, 자신의 몸을 '나'라고 인식한 '아상'이 남아 있으면 일체개고

(一切皆苦, 단 하나의 공짜도 없는) 세계 속에 있게 됩니다.

　몸과 마음은 둘이 아닙니다. 마음이 무심해지면 몸이 없는 데까지 이르게 되고, 몸에 대한 집착이 끊어지면 '나'라고 할 아무 고정불변한 실체(몸과 마음)가 없고 다만 공空한 상태로 존재한다는 사실을 알게 됩니다. 문제는 여러분이 태어나서 지금까지 한순간도 멈추지 않고 그렇게 찰나찰나 변하여 지금 어린아이로 있지 않으며, 어제의 나와 오늘의 내가 분명히 다른 사람임에도 불구하고 지금 우리는 그 누구도 어제의 나와 오늘의 나를 다른 사람으로 인식하지 않습니다. 도대체 그 이유가 무엇입니까? '나'라는 한 생각이 일어나면 일어난 '나'를 중심으로 내 몸이 있다는 착각이 있게 되고, 자연히 '나'와 상대되는 '너'가 있게 됩니다. 삼라만상 두두물물이 모두 '나'를 중심으로 나타나게 됩니다.

　지금 우리는 연기緣起 속에 있고 지금의 찰나찰나 순간까지도 어김없이 아뢰야식에 그대로 모든 삶의 행위들이 저장되고, 그 저장된 기억은 업력이 되어 쌓이게 됩니다. 수행이 깊어져 의식이 밝아지고 무명이 해소되어 마침내 '나'의 본성이 공성임을 목도하기 전에는 결코 '나'를 집착한 마음은 풀리지 않는 자물쇠가 되어 윤회를 일으키는 업력으로 쌓이게 됩니다. 그 업의 힘을 지닌 채 죽음을 맞이하면 그 죽은 영혼을 불교에서는 '영가'라 하고 일반적으로는 '귀신'이라고 하는 업식業識이 됩니다. 업력業力

을 지닌 업식의 존재는 윤회를 멈출 수 없습니다. 몸을 '나'라고 잘못 집착한 생각으로 말미암아 중생과 부처의 현격한 차이로 벌어지게 되는 것입니다.

만일 수행을 통해서 '나'라는 생각이 쉬어지면 그 생각자리에 일어나던 무수 번뇌를 대신해서 공성空性 자체의 식識, 즉 순수의식만 남게 됩니다. 어떤 생각을 하든 그 생각에 따라 우리 몸은 반응할 수밖에 없는 구조로 되어 있습니다. 그러나 망념이 쉬어져서 공성 자체인 순수의식이 그 자리를 차지하면 망념에 반응하던 우리의 몸은 당연히 순수의식에 반응하게 됩니다. 공한 성품인 순수의식과 우리가 늘 짓고 사는 번뇌인 생각들은 그 질로써는 전혀 차이가 없습니다. 만일 그것을 비교할 수 있다면 '나'라는 존재가 그저 '나'라는 생각일 뿐이었음을 알게 됩니다. 즉 스스로의 몸을 '나'라고 인식한 '아상'이 곧 무명의 전부였음을 알게 됩니다. 자신의 몸도, 그 몸을 '나'라고 생각하고 살아온 지금까지의 모든 삶도 한낱 꿈이었음을 알게 되는 것입니다.

따라서 아상이 소멸되면 몸은 그대로 있지만 '내 몸'으로서의 몸은 없습니다. 무심無心하면 그대로 무아無我입니다. 무아가 성취되면 동시에 본래부터 내가 공성의 통일된 법계(法界, 우주)였으며, 온 일도 간 일도 없는 그냥 여래(如來, 본각本覺)로 있었다는 사실을 알게 됩니다.

전도몽상

　　우리가 일상에서 흔히 겪는 전도몽상顚倒夢想의 예를 한 가지 들고 삼법인三法印에 대한 설명을 모두 마치겠습니다. 간혹 기차를 타고 여행을 할 때 차에 올라 출발 시간을 기다리면서 물끄러미 차창 밖을 내다봅니다. 그러다 자신이 탄 차가 서서히 움직이기 시작합니다. 기차 레일 소리가 들립니다. "출발하는군!" 그런데 잠시 가는 줄만 알았던 기차는 아무 소식이 없습니다. 그러다 문득 자신이 탄 차가 출발한 게 아니라 맞은편 차가 출발했음을 알아차립니다. 이럴 수가! 전도된 착시 현상이었던 것입니다.

　　그렇다면 왜 착각이 일어났고, 어떻게 그 착각한 사실을 깨달을 수 있었을까요? 착각이 일어난 것은 비교할 바가 없는 상태에서 오직 움직이는 맞은편 차만을 보고 있었기 때문에 자신이 탄 차가 출발한다는 착각을 일으킨 것입니다. 그리고 착각임을 알 수 있었던 이유는 움직이는 차만을 본 것이 아니라 자신이 타고 있는 차와 움직이는 차 그리고 고정되어 움직임이 없는 건물 등과 비교함으로써 알아차릴 수 있었습니다. 만일 비교할 사물들이 없고 눈이 상대 차에 고정되어 있으며 또 상대차가 계속 끊임없이 이어져서 눈앞을 지나간다면 내 차가 달리고 있다는 착각은 계속될 것입니다.

　그와 같이 중생이 '나'라는 생각을 전제로 살아가는 삶은 전도몽상, 즉 전도된 착시현상과 다르지 않습니다. 수행을 통해 성품을 보면 살고 죽음은 그저 생각 속의 일일 뿐 실상이 아님을 알게 됩니다. "백척간두진일보百尺竿頭進一步"라 깨달음을 성취한 분들께서는 한결같이 한 발 더 내딛으라 말씀하십니다.

　수행이 깊어지면 큰 번뇌는 모두 사라지고 미세번뇌가 남게 되는데 몸뚱이를 '나'라고 집착한 아집我執은 "아상我相이 소멸되면 나는 죽는다"라는 두려움을 일으키면서 매우 교활하게 차마 생각할 수도 없는 교묘한 생각들로 끝내 '아상'을 놓지 않으려 합리화 합니다. 백척간두진일보는 바로 그와 같이 마지막 수행 단계에서 "'아상'의 소멸이 곧 죽음"이라는 교묘한 번뇌의 공포심을 딛고 마침내 한 발 더 내딛어, 마지막 미세번뇌의 그 '아상'을 소멸시키라는 의미입니다.

백척간두진일보하면 떨어져 죽겠지요? 속지 마십시오. 절대 죽음은 없습니다. 죽고 사는 일은 본래 없습니다. 예컨대 영화를 촬영할 때 떨어져 죽는 신을 찍는 것과 같습니다. 우리는 주인공이 떨어져서 죽는 것같이 보이지만 사실 주인공은 바로 아래 그냥 앉아 있을 뿐입니다. 우리가 찾고자 하는 것은 무엇입니까? 찾고자 헤매는 그놈이 바로 찾으려 하는 그놈일 뿐입니다. 우리는 한 발짝도 어디로 간 적도 없고 온 적도 없습니다. 우리가 꿈에서 깨어나기만 하면, 즉 나의 본래 자성(공空, 식識)을 보기만 하면 그대로 본래부터 여래로 변함없이 있었다는 사실을 알게 될 것입니다. 이것이 깨달으신 분들의 한결같은 말씀입니다.

깨달음은 난센스 퀴즈입니다. 참으로 간단하고 쉽습니다. 그래서 깨달으신 분들은 "세수하다 코 만지기보다 쉽다"라고 하십니다. 그러나 너무 쉽기 때문에 오히려 잊고 살고, 오히려 느끼지 못합니다. 너무 쉬워서 풀지 못하는 문제라니, 이것이 바로 우리들 존재의 난센스 퀴즈입니다.

계정혜 삼학

바다 찾기 7

강물은

나 없이 그저
흘러가네

태어나는 것이 아니고
병드는 것이 아니고
늙는 것이 아니고
죽는 것이 아니고

흘러가네

강물을 모르는 이도 강물이네
강물을 멈추려 하는 이도 강물이네
강물을 잡으려 하는 이도 강물이네
강물을 건너려 하는 이도 강물이네

계戒—마음 비움

불교에서 가장 기본이 되는 계는 불살생不殺生, 불투도不偸盜, 불망어不妄語, 불사음不邪淫, 불음주不飮酒의 오계五戒입니다. 다음은 오계를 지키지 않았을 때 일어나는 과보입니다.

불살생不殺生 - 살생을 하면 자비종자가 끊어진다. 늘 병이 많고, 수명이 짧아진다.

불투도不偸盜 - 도둑질을 하면 복덕종자가 끊어진다. 천박하고, 가난하게 산다.

불사음不邪淫 - 음행을 하면 청정한 종자가 끊어진다. 원한을 짓고, 화목한 가정을 이루지 못한다.

불망어不妄語 – 거짓말을 하면 믿음의 종자가 끊어진다. 되는 일이 없고, 진실한 친구가 없다.

불음주不飮酒 – 술을 마시면 지혜종자가 끊어진다. 실수가 많고, 점점 어리석어진다.

오계를 살펴보면 "남에게 해가 되는 일체의 행위를 하지 말라"는 금지의 내용입니다. 반대로 보시바라밀은 "남에게 도움이 되는 일체의 행위를 적극적으로 행하라"는 권선의 뜻임을 알 수 있습니다. 내가 나의 행복을 바란다면 그만큼 남에게 불행한 짓을 하면 안 됩니다. 인과응보가 분명하기 때문입니다. 또한 지혜의 성취를 위해서는 반드시 자신의 업을 순화시켜 내야 합니다. 순화시킨다 함은 스스로의 욕망이 쉬어져야 하고, 또 자신의 이익을 위해 남을 희생시키는 일들이 없어져야 합니다. 부처님께서는 계율의 중요성을 다음과 같이 강조하셨습니다.

"삶과 죽음의 긴 밤을 밝히는 등불과 같고, 고통의 바다를 건너는 큰 배와 같다."

돈오돈수와 돈오점수

깨달음 이후, 즉 돈오한 이후의 결과가 돈오돈수[26]와 돈오점수[27]의 두 가지 결과로 나타나게 되는 것은 깨닫기 이전의 수행에 그 원인이 있음을 이해할 필요가 있습니다. 예컨대 바짝 마른 나무를 쌓아놓고 불을 붙이면 나무는 쉽게 타고 재만 남습니다. 그러나 생나무에 불을 붙이면 잠시 겉만 타다 쉽게 꺼지고 맙니다. 그와 같이 깨닫기 이전의 욕망의 습기習氣가 얼마만큼 소멸되었느냐에 따라 그 결과가 매우 큰 차이로 달라질 수 있습니다. 습기가 다 소멸되지 않았다는 것은 곧 업력이 모두 소멸되지 않았다는 것을 의미합니다. 업력이 모두 소멸되지 않으면 깨달음 이후 다시 번뇌를 일으키는 원인이 됩니다. 물론 깨달음 이후에도 보임保任의 과정에 따라 바뀔 수는 있겠습니다만 보편적으로 깨달음 이전의 계율수행의 점차에 따라 비례적으로 보림이 성취됨을 알 수 있습니다.

앞에서 오계五戒와 보시바라밀의 목적이 "어떤 형태로든 남

---

26 돈오돈수(頓悟頓修) : 더이상 닦을 것이 없이 몰록 깨달아 마침.

27 돈오점수(頓悟漸修) : 몰록 깨달았지만 탐진치가 다 소멸되지 않아 점진적으로 더 수행해 성취하는 것.

에게 피해가 되는 일은 하지 말고, 도움이 되는 일은 적극적으로 행하라" 하는 뜻으로 설명했습니다만 왜 불교는 그와 같이 계율과 이타적 삶을 계속해서 강조할까요? 그것은 바로 욕망의 습기瞀氣인 해물지심(害物之心, 이기심)의 양에 따라 결과가 비례하기 때문입니다. 그것은 그만큼 깨달음을 성취하는 수행자들의 숫자에 비해 돈오돈수를 이루는 사람이 적은 이유인 것입니다. 따라서『발심수행장』에서 원효 스님은 계율을 무시하는 수행자를 일러 "어리석은 사람의 수행은 모래로 밥을 지으려는 것과 같다"고 하는 것입니다.

무루지無漏智와 유루지有漏智

부처님은 번뇌가 없으므로 마음이 늘 삼매에 있습니다. 마음이 흩어지거나 집중이 깨지는 일이 없습니다. 그러나 중생은 구멍 난 단지와 같아서 잠시도 생각을 멈출 수가 없습니다. 어떤 생각이 일어나면 그 생각이 오래 머물지 않고 잠시 후 다른 생각이 일어납니다. 그렇게 가지가지의 생각들이 순간순간 일어나고 순간순간 사라집니다. 생각을 멈추고자 해도 생각대로 멈출 수가 없습니다.

예를 들면 담배를 피우는 사람들은 담배를 피우고 싶다는 생각이 자주 거듭 일어나게 됩니다. 왜냐하면 담배에 대한 욕구가 머리에서 일어나는 것이 아니라 대략 60조 개의 세포들로 이루어져 있다고 하는 우리 몸의 그 각각의 세포들이 담배의 성분인 니코틴을 동시에 요구하기 때문입니다. 우리 몸의 하나하나의 세포들은 끊임없이 욕망을 일으킴으로써 무욕無欲과 무아無我의 상태를 방해합니다. 따라서 부처님은 의식이 번뇌로 새나감이 없다는 뜻의 무루지無漏智라 하고, 중생은 의식이 쉼 없이 새어나간다는 뜻의 유루지有漏智라고 하는 이유입니다.

원숭이는 끊임없이 이리저리 뛰어다니는데 그 원숭이가 가만히 있지 못하는 것과 사람들이 늘 무엇인가 욕망을 좇아 사는 것은 정도의 차이가 있을 뿐 다르지 않습니다. 따라서 자신이 바라는 욕망이 성취되지 않아서 불행한 것이 아니라 족함을 모르고 끊임없이 새로운 번뇌를 일으키기 때문에 불행한 것입니다. 이 세상에 그 누구를 막론하고 마침내 원하는 것들을 모두 이루고, 나아가서 천하의 주인인 황제의 자리에 오른다고 하더라도 그것이 주는 만족은 결코 오래가지 못합니다. 잠시 후 혹은 며칠 후 황제는 새로운 만족을 찾아 또 새로운 번뇌를 일으키고, 그에 따른 고통을 스스로 끊임없이 다시 만들어낼 것이기 때문입니다.

따라서 계율은 "무엇 무엇을 하지 말라"고 금지하는 것이 목적이 아닙니다. 끊임없이 일어나는 모든 욕망들을 방하착放下着[28] 하는 데에 그 낙처가 있습니다. 따라서 계율의 성취는 무욕無欲을 이루고, 무욕의 성취는 정(定, 마음집중)을 이루며, 정定의 성취는 곧 지혜智慧를 이룬다 하는 것입니다.

---

28 방하착(放下着) : 내려놓으라, 쉬라는 뜻.

정定—마음 집중

계율戒律을 지켜야 하는 이유는 무욕이 성취되어야 하기 때문이라고 했습니다. 무욕의 성취는 곧 정定의 성취로, 정의 성취는 지혜智慧의 성취로 이어지기 때문입니다.

예컨대 '이뭣고?'라는 화두를 들고 있다면 정定이 어느 정도 성취되어야 비로소 화두가 들리고 의심이 일어나게 됩니다. 그러므로 수행에 있어서 가장 중요한 시기는 바로 화두를 잡고 공부를 시작해서 정定이 깊어지고 화두가 제대로 들리기 시작하는 바로 그때까지가 가장 중요한 시기라고 할 것입니다. 정定이 깊어지면 화두가 저절로 들려지고, 의심이 저절로 일어나며, 화두는 살아있는 활구活句가 됩니다. 그때가 되면 힘을 들일수록 오히려 장애가 될 뿐입니다. 밥 먹고, 일하고, 잠자고, 살아가는 일상이 그대로 수행이 됩니다.

반대로 정定이 어느 정도 깊어지지 않았다면 화두를 들고 있어도 사구死句가 되어 공부를 하는 것 같을 뿐 실은 공부가 되지 않습니다. 참선 수행을 위해 선원에서 안거를 많이 했더라도 뱃속 깊은 곳에서 의심이 솟구쳐 일어나 화두가 저절로 들려지는 단계에 이르지 못한다면 큰 성취는 어려울 것입니다.

스님들은 일 년에 두 번 동안거와 하안거 정진을 합니다. 매번 그 3개월의 안거 기간 동안 정진을 잘하면 당연히 정定이 어느 정도 깊어질 것입니다. 그렇지만 중요한 것은 결제 기간에 쌓아놓은 정定을 해제 기간 3개월 동안 이어가야 한다는 데 그 중요함이 있습니다. 왜냐하면 해제를 하고 나서 만행을 할 때에도 이 깊어진 정定을 잘 갈무리하고 유지하고 늘려가야 하는데 만일 그렇지 못하면 3개월 동안 쌓은 정定은 다시 본래의 상태로 돌아가고 선원에서 수행한 그동안의 공부는 수포로 돌아가고 맙니다.

정定의 힘이 약해서 화두의심이 돈발하지 못한 단계에서 수행이 반복되면 무엇인가 알아가는 기쁨을 느껴보지 못하고 중도에서 "나는 안 된다"는 퇴굴심을 내게 되고, 또 수행보다 차츰 다른 곳에 관심을 두게 되기도 합니다. 그래서 부처님께서도 중도

수행을 강조하시면서 악기의 비유를 들어 "너무 팽팽하게도 말고, 너무 느슨하게도 말고, 꾸준히 정진하라"고 말씀하십니다.

지금 말씀드리는 요지는 정定이라고 하는 것은 한번 깊어졌다고 해서 그 깊어진 정定이 계속 유지되는 것이 아니라 생각이 많아지고 마음이 산란해지면 비례적으로 정定은 다시 흩어져 사라진다는 것입니다. 깨달음을 얻고 보림을 마치기 전까지는 언제든지 정定은 다시 수행하기 이전의 상태로 되돌아갈 수 있습니다.

수행을 많이 한 수행자들이 젊어서 한참 수행할 때는 참으로 수승한 것 같고 훌륭한 것 같다가도 다시 중생 노릇을 하고 평범한 중생심으로 되돌아가는 모습을 우리는 주변에서 자주 보게 됩니다. 그 원인이 바로 정定이 깊어져서 그 정定을 유지할 때는 번뇌가 없다가도 완전한 성취에 도달하지 못하고 중도에 수행을 놓아버리게 되면 다시 정定이 떨어져 중생심으로 되돌아가기 때문입니다.

예컨대 우리는 비행기가 활주로에서 산뜻하게 하늘을 향해 날아오르는 장면을 종종 목격합니다. 크고 무거운 기계 덩어리가 둥실 떠올라 하늘을 나는 모습은 경이로운 일이 아닐 수 없습니다. 비행기가 이륙을 해서 하늘을 날기 위해서는 양력揚力이라는 힘이 필요하다고 합니다. 문제는 그 양력을 어떻게 발생시킬 수 있느냐는 것입니다.

제가 200명이 타는 비행기를 타본 적이 있습니다만 200명의 무게를 계산하면 한 사람당 50kg이라고 줄여서 잡더라도 약 10톤의 무게가 됩니다. 거기에 비행기 기체의 무게, 그리고 연료의 무게 그리고 또 화물까지 더하면 그 무게는 아마도 몇 배나 더 무거울 것입니다. 그러한 무게를 지닌 비행기가 어떻게 하늘을 날 수 있는지 참으로 신기할 따름입니다.

　　그럼에도 불구하고 오늘도 비행기는 날아오르고 쉼 없이 많은 사람들을 싣고 세계를 자유롭게 누비고 있습니다. 비행기가 날아오르기 위해서는 반드시 비행기가 뜰 수 있는 양력이 발생되는 거리만큼 최대한의 속도로 달려야 합니다. 만일 무척 긴 활주로가 있다 하더라도 비행기가 양력이 일어나기 전에 '가다 서다'를 반복한다면 아마 지구를 한 바퀴 다 돌더라도 이륙에 성공할 수는 없을 것입니다.

　　그와 같이 업력의 무게를 짊어지고 사는 중생들이 마침내 부처를 이루기 위해 하는 수행 또한 비행기가 하늘을 나는 원리와 다르지 않습니다. 화두를 들고 대신심大信心[29]과 대분심大憤心을

29　대신심(大信心), 대분심(大憤心), 대의심(大疑心) : 화두 공부인이 갖추어야 할 세 가지의 중요한 마음가짐으로써, 반드시 성불할 수 있다는 큰 믿음, 아직 깨닫지 못한 것에 대한 큰 분심, 그리고 들고 있는 화두에 대한 큰 의심의 셋을 말한다.

내어 수행을 하게 되면 정定이 쌓이게 되고, 그 정의 힘이 일정 정도 쌓여야 비로소 화두에 의심이 돈발하게 되고, 의심이 돈발하게 되면 마치 전속력으로 비행기가 내달려 양력의 강한 추진력을 일으켜 하늘로 날아오르는 것과 같이 비로소 대의심大疑心이 일어나게 되고, 그 대의심의 강력한 힘이 배꼽 밑에서부터 불끈 일어나게 됨으로써 비로소 수행이 순일한 자리로 들어갈 수 있게 되는 것입니다.

예컨대 어릴 때 지남철을 가지고 놀았던 기억이 있을 것입니다. 화두를 들어 정定이 깊어지면 마치 쇳가루가 지남철의 방향을 따라 한 방향으로 정렬하는 모습과 같이 온몸의 세포들 하나하나까지 화두의심에 맹렬하게 몰입하는 상태가 됩니다. 이러한 때를 흔히 "몸을 조복받았다" 또는 "동정일여動靜一如[30]의 상태에 들었다"라고 합니다. 이와 같이 일정 정定이 쌓여서 동정일여의 상태를 이루어야 비로소 화두가 들리고 의심이 돈발하게 되는 것입니다. 이러한 때에 이르기까지가 수행의 가장 힘든 시기이며, 강력한 용맹정진이 필요한 때라고 할 수 있습니다.

부처님께서는 악기의 비유를 들어 중도수행을 강조하셨습

---

[30] 동정일여(動靜一如) : 잠이 많이 줄었지만 그래도 하루에 2~3시간 정도의 잠을 자는 상태이며, 일상생활 속의 어떤 상황에서도 화두가 끊어지지 않는 단계. 초선천과 2선천에 배대할 수 있다.

니다만 그 중도수행이 곧 강력한 용맹정진으로 동정일여에 이르기까지의 그 꾸준함임은 재론할 여지가 없습니다. 비행기가 이륙하고 나면 큰 힘이 들지 않는다고 합니다. 수행화두에 의심이 돈발하고 나면 힘들 것이 없습니다. 삶은 참으로 평화롭고 행복하며, 일상생활 중에도, 직장생활 중에도, 수행에 장애가 되지 않습니다. 화두에 의심이 돈발하게 되는 때를 동정일여動靜一如의 때라 하고, 그렇게 수행을 지속해 가면 순차적으로 몽중일여夢中一如,[31] 숙면일여熟眠一如,[32] 생사일여生死一如[33]의 단계를 거쳐 완전한 깨달음에 이르게 됩니다.

---

31   몽중일여(夢中一如) : 잠을 1~2 시간 정도 자지만 잠깐 든 잠에 혹 꿈을 꿀 때라도 자신이 꿈을 꾸고 있다는 사실을 인지하고 있으며, 자신의 꿈을 자신이 볼 수 있는 단계로써 3선천과 4선천에 배대할 수 있다. 이 동정일여와 몽중일여의 단계에서 깨달음이 발현될 수 있다.

32   숙면일여(熟眠一如) : 잠이 없어진 단계. 인간은 번뇌(생각)의 양만큼 잠을 자야 한다. 잠이 없어졌다는 것은 곧 번뇌(생각)가 없음을 의미한다. 깨달음을 이미 이루고, 보림(保任)의 단계로 볼 수 있다.

33   생사일여(生死一如) : 오직 각성만이 남은 단계로 열반을 성취하신 부처님의 단계.

혜慧—마음 관찰

앞에서 잠시 지남철에 대한 비유를 들어 정定에 대한 수행을
설명했습니다만 그 정定에 대한 수행과 함께 동시에 수행해야 하
는 것이 곧 혜慧의 수행입니다. 정과 혜의 수행은 선후가 있을 수
없습니다. 관찰(혜慧)하기 위해서는 반드시 집중(정定)이 필요하고,
집중하기 위해서는 반드시 관찰(혜慧)을 놓치지 말아야 합니다.
따라서 동시에 겸해서 혹은 쌍으로 수행해야 한다는 뜻으로 지관

겸수止觀兼修[34] 혹은 정혜쌍수定慧雙修[35]라 이름합니다.

　　관찰수행이란 자신의 마음에서 일어나는 생각들을 계속해서 알아차리는 것을 말합니다. 예컨대 어릴 때 돋보기를 가지고 먹지를 태우며 놀던 때가 있었을 것입니다. 검은 먹지에 불을 붙이기 위해서는 먼저 돋보기를 통과한 햇빛을 가장 작은 초점이 되도록 모아 먹지의 한 곳을 비추어야 합니다. 햇빛의 초점이 모이면 짧은 시간 안에 연기가 나고 불이 붙는 것을 볼 수 있습니다. 반대로 초점 없이 먹지를 비추면 당연히 하루 종일 비추어도 먹지는 불이 붙지 않을 것입니다.

　　앞에서 지남철의 예를 들었습니다만 쇳가루가 지남철과 한 덩어리가 되듯이 화두의심과 온 몸의 세포들이 한 덩어리가 되면 그 집중된 화두의식(정定)으로 마치 돋보기로 먹지를 태우듯 번뇌가 일어나는 바로 그 화두자리를 밀밀하게 비추어 마침내 미세번뇌조차 없는 자리까지 비추어 뚫어내는 것(혜慧)이 곧 정혜쌍수定慧雙修입니다. 마침내 자신이 곧 무아임을 알아차리고, 오직 각성

　|

34　지관겸수(止觀兼修) : 지(止)는 모든 번뇌를 그침이요, 관(觀)은 마음을 비추어 보는 것이다.

35　정혜쌍수(定慧雙修) : 마음을 한곳에 머물게 하는 선정(禪定)과 현상 및 본체를 관조하는 지혜(智慧)를 함께 닦는 일. 일반적으로 지관겸수와 정혜쌍수는 같은 뜻으로 쓰이지만 굳이 나누면 지관(止觀)은 인지(因地)에서 쓰고, 정혜(定慧)는 과지(果地)에서 쓴다.

만이 존재하는 단계 그것이 우리가 도달해야 할 목표입니다.

지식과 지혜는 큰 차이가 있습니다. 지혜를 나타내는 지智는 '알 지知' 아래에 '날 일日'변이 있습니다. 무명 속에서의 앎은 지식일 뿐이요, 마음이 밝아져야 비로소 지혜가 된다는 뜻입니다. 그러므로 지식과 지혜의 차이는 곧 얼마나 마음이 밝아졌느냐의 차이로써 사람에 따라 촛불이나 반딧불같이 희미한 지혜도 있지만 태양처럼 빛나는 부처님과 같은 지혜도 있습니다. 만일 밤에 촛불을 켜놓고 두 손으로 촛불을 감싸보면 손에 촛불이 투과되어서 밝은 황금색이 되는 것을 볼 수 있습니다.

그와 같이 부처님의 상호를 늘 황금색으로 장엄하는 것은 그 황금색이 모든 방위의 중앙을 의미하기도 하지만 그보다 부처님께서 깨달음을 성취하셨을 때 온몸에서 빛나는 방광의 빛을 황금의 금색이 가장 잘 표현할 수 있기 때문입니다.

불교는 초기불교, 소승불교, 대승불교, 밀교 등의 역사적 불교와 위빠사나, 묵조선, 간화선, 염불선, 밀교수행 등등의 시대에 따른 수행법이 있습니다만 그 어떤 역사적 불교든 혹은 어떤 시대에 따른 수행법이든 마음을 쉬고(戒), 마음을 모으고(定), 마음을 관찰(慧)하는 계정혜 삼학을 벗어나지 않습니다.

예컨대 위빠사나와 간화선 수행의 핵심은 동일하게 계정혜의 삼학이며, 그 방법론으로써 둘 다 관찰이 핵심이 됩니다. 다른 것이 있다면 관찰하는 순서에 따른 차이입니다. 위빠사나는 호흡과 몸의 행위 하나하나를 알아차리는 것으로부터 관찰을 시작합니다. 즉 호흡과 몸의 행위로부터 시작해서 차츰 생각을 알아차리는 순서를 밟습니다. 그러나 반대로 간화선은 화두를 듦으로써 곧바로 마음에서 일어나는 생각을 알아차리는 것으로부터 시작해서 호흡과 몸의 행위를 알아차리는 순서를 밟게 됩니다.

또 위빠사나 수행을 하는 남방불교에서는 수행자의 수행심보다 그 하나하나의 행위(계율)를 더 중요하게 생각하고, 간화선을 주로 수행하는 북방불교에서는 수행자의 행위보다 그 수행심(발심)을 더 중요시하는 특징이 있습니다. 그러나 결국 두 수행법이 만나는 지점은 같습니다. 위빠사나 수행자의 수행이 깊어지면 자신의 모든 행위와 호흡을 알아차림과 동시에 마음에서 일어나는 생각들을 알아차리게 되고, 간화선을 수행하는 수행자의 수행이 깊어지면 일어나는 생각들을 알아차림과 동시에 자신의 행위와 호흡을 알아차리게 되는 것입니다.

이렇듯 위빠사나는 밖으로부터 즉 몸으로부터 관찰을 시작하고, 간화선은 안으로부터 즉 마음으로부터 관찰을 시작하는 그 순서가 다를 뿐 두 수행법 모두 핵심은 관찰로 동일합니다. 몸과 마음, 생각과 행위를 동시에 모두 알아차릴 수 있는 자리를 동정일여動靜一如라고 합니다만 위빠사나 수행을 하든, 간화선 수행을 하든, 동정일여의 상태에 이르게 되면 동일한 결과에 도달하게 되는 것입니다. 결국 불교 수행의 시대적 혹은 방법론적 차이는 있지만 결론은 그 바탕이 계정혜 삼학이며, 관찰을 핵심 수행법으로 삼고, 결과 또한 "동일하다"는 것을 알 수 있습니다. 따라서 어떤 수행법이 더 쉽고, 더 빠른 성취를 얻을 수 있을 것인가 하는 것은 서로 자신들이 하는 수행법이 더 뛰어난 방법임을 주장할 수 있겠지만 그러나 "수행법에 우열이 있는 것이 아니라 스승의 가르침이나 수행자의 노력에 따라 결과가 달라질 뿐이다"라고 할 것입니다.

우리는 왜
행복을 잃었는가?

바다 찾기 9

바다는 바람이 희롱해 출렁이는 게지
바보가 자기를 놀리는 줄도 모르고
같이 웃듯이…

바다는
바람이 자기를 놀리는 줄 알아도

바보같이
흰 이빨 드러내고
이내 목젖이 다 보이게 웃는다

바람은 그래서
오래도록 바다를 떠나지 못해
둘이 함께 어깨동무하고
춤추고 노래한다

오늘도 내일도 함께 하리
바람과 바다

엄마야 누나야 강변 살자

누구나 어린 시절에는 참으로 행복했던 한 시절이 있었을 것입니다. 여러분도 그러한 시절이 있었겠지요. 풀꽃이 키만큼 자라서 늘 꽃 속에서 뛰놀던 시절, 나중에 어른이 되고 나서 '풀꽃이 내 키만큼 컸었는데 왜 이렇게 풀꽃이 작아졌지?' 하고 의문이 풀리지 않았던 적이 있었습니다. 곰곰이 생각하다 그때는 내 키가 그만큼 작았었다는 생각이 들어서 그 의문이 풀린 적이 있습니다. 내 키만큼 컸던 풀꽃이며, 그 꽃밭 속에서 놀던 어린 날의 행복했던 시간들이 꿈같이 남아 있습니다.

강변의 흰 모래밭에서 검정 고무신을 접어 기차를 만들기도

하고, 지프차를 만들기도 하고, 심심하면 친구들과 먹을 감고 놀던 때며, 어느 가을날 동무들은 다 돌아가고 어쩐 일인지 넓은 학교 운동장에 나 혼자 놀다가 담장 가에 피어 있던 키 큰 칸나, 다 피지 않아서 뾰족한 빨간 꽃잎, 그 끝에 날개를 접고 앉아 있던 빨간 고추잠자리를 잡으려고 조심스럽게 숨죽이고 손을 내밀던 그 정적의 순간, 그 행복한 순간들이 지금도 생생합니다. 그 시절, 그 학교, 그리고 그 가을날의 햇살, 그 운동장의 정적과 평화로움, 지금도 내 기억 속에 행복으로 남아 있습니다. 이 세상이 경이로움 그 자체였던 그 시절을 어찌 잊을 수 있겠습니까?

> 엄마야 누나야 강변 살자
> 뜰에는 반짝이는 금모래 빛
> 뒷문 밖에는 갈잎의 노래
> 엄마야 누나야 강변 살자
>
> —김소월

어느 정도 나이가 들어서 어린 시절의 그 행복한 때를 생각할 때마다 그리고 현실의 불행을 느끼곤 할 때마다 내게 있었던 무엇인가 소중한 것을 잃어버렸다는 생각이 문득문득 들곤 했습니다. 잃어버린 것이 무엇일까? 내가 분명히 뭔가를 잃어버리긴

했는데, 잃어버려서는 안 될 무엇인가 소중한 것을 잃어버렸는데, 내가 잃어버린 그것이 도대체 무엇이란 말인가?

왜 그때의 그 지순한 행복은 어디로 가고, 지금은, 이 현실은, 늘 번뇌와 고통스러움만 존재하는가? 이러한 고민이 저 혼자만의 고민만은 아니었겠지요. 이것은 우리 모두의 고민이고, 가장 큰 화두입니다.

수성獸性과 문화성文化性

수성獸性, 인간은 동물이다

우리가 살고 있는 이 우주는 150억 년 전에 탄생했다고 하고, 지구의 탄생은 45억 년 전, 그리고 생물이 탄생한 것은 35억 년 전, 인류의 탄생은 100만 년 전 그리고 인간의 언어가 탄생한 것은 대략 1만 년 정도로 과학자들은 보고 있습니다.

지구 최초로 생명이 탄생한 역사 35억 년을 90분짜리 영화로 만들면, 영화 시작 60분 후에야 이끼와 버섯이 보이고, 끝나기

12초 전에는 침팬지와 인간의 진화 방향이 분리되고, 4~5초 전에는 인간이라고 부를 수 있는 선행 인류들이 돌로 도구를 만들며, 1초 전에는 베이징 원인이 불 가에 앉아 있고, 0.04초 전에는 호모 사피엔스가 출현하고, 빙하가 녹고, 피라미드를 쌓고, 백열전등을 발명하고, 원자 폭탄이 떨어지고, 달에 착륙하는 장면이 나타난다고 합니다.

모든 동물들 가운데 유일하게 인간만이 생각을 언어라는 관념으로 진화시켜 왔으며, 언어의 탄생은 인류의 진화 과정에서 가장 획기적이고 혁명적인 사건이 아닐 수 없습니다. 언어가 탄생함으로써 상상할 수 없는 문명의 발전이 이루어졌고, 그 결과 오늘에 이르게 되었습니다. 그럼에도 불구하고 장구한 진화의 시간 선상에서 본다면 앞의 예에서 보았듯이 언어의 발생은 어쩌면 가장 최근에 일어난 사건이 아닐 수 없으며, 그 언어의 발생이 오히려 인류에게 큰 불행의 씨앗이 되었음을 인정하지 않을 수 없습니다.

이 말은 우리 인간들의 몸과 마음의 업식業識에는 언어와 문명, 그리고 윤리, 도덕, 법 등으로 대표되는 문화성과 함께 장구한 세월 동안 축적된 수성(獸性, 동물성) 또한 강력한 본성의 축을 이루고 있으며 그 수성獸性에 의해서 문화성이 지배받고 있다는 사실을 먼저 잘 이해해야 합니다.

대부분의 모든 동물들은 일정한 짝이 정해져 있지 않습니다. 암컷은 그 종의 무리 중에 가장 강한 수컷의 씨를 받아 잉태하기를 원합니다. 반면에 수컷은 모든 암컷에게 자기의 씨를 남기고자 합니다. 그뿐만 아니라 동물들은 부모와 자식 사이에서도 번식을 하고 새끼를 낳습니다. 또한 그것을 아무도 잘못된 것으로 보지 않습니다.

중요한 것은 인간도 또한 그러한 수성이 남아 있다는 사실입니다. 예쁜 아가씨를 보면 결혼을 한 남자도 성욕을 느낄 수 있으며 결혼을 한 여자도 또한 그럴 수 있습니다. 한 여자와 한 남자가 만나서 검은 머리 파뿌리 되도록 사랑하겠다고 약속을 하고서도 바람을 피우고 결국 서로에게 상처를 남기고 이혼을 하기도 합니다.

그 원인은 바로 인간이 수성과 문화성을 동시에 가지고 있는 모순된 존재라는 데 있습니다. 그래서 "결혼은 해도 불행이고, 안 해도 불행이다"라는 말이 생겨난 것인지 모릅니다.

문화성文化性, 동물과 인간의 차이

이제 처음 주제로 돌아가서 어릴 때는 왜 행복했을까요? 아주 간단합니다. 그것은 바로 생각이 없었기(無心) 때문입니다.

웃음에 대해 발표한 어느 통계자료를 보면 어린아이 때는 하루에 평균 400번을 웃는다고 합니다. 그런데 나이가 40세가 되면 하루에 평균 한 번밖에는 웃지 않는다고 합니다. 그만큼 나이가 들수록 우리는 웃음을 잃어가는 것입니다. 어린 날의 행복을 회복하고자 한다면, 생각이 적어져야 합니다.

아상我相 인상人相 중생상衆生相 수자상壽者相을 소멸하는 것이 『금강경』의 핵심 내용입니다. 생각을 쉬는 것이 곧 행복의 조건이기 때문입니다.

우리는 그동안 생각의 포로가 되어 버렸습니다. 인간이 동물과 다른 것은 생각하는 능력이 있기 때문입니다. 그러나 바로 그 생각하는 능력 때문에 인간은 오히려 무수한 고통 속에 빠져있습니다.

마음이란 무엇인가?

한 생각이 마음이다

마음이란 생각을 이르는 말입니다. 그렇지만 "한 생각이 곧 마음이다"라고 말을 하면 마음에 대한 설명이 조금 부족합니다. 마음은 생각을 말하는 것이라고 했습니다만 우리 뇌에서 생각이 일어나면 일어난 생각이 단순히 우리 뇌에서 생각으로 일어났다 소멸되는 것이 아니라 그 일어난 생각은 반드시 그 의미하는 신호를 몸에 전달하게 되고, 전달된 신호(생각)에 따라 몸과 그 장기인 오장육부五臟六腑가 그에 상응하는 반응을 일으키고 이어서 행동하게 됩니다.

예컨대 우리가 영화를 한 편 보고자 한다면 그 행위에 앞서 영화를 봐야겠다는 생각이 먼저 일어나고, 그리고 여러 가지 영화 정보를 살핀 후 결정하여 행동하게 됩니다. 또 어떤 일에 화가 났다면 그 화가 난 사태에는 반드시 그럴만한 정황이 있고, 그 정황에 따라 생각의 과정을 거치면서 호불호가 결정되고, 결정된 정보가 몸으로 전달되고, 그 전달된 신호에 따라 몸과 오장육부가 반응을 일으키면서 행동을 통해 대상에게 화를 내게 됩니다. 그렇기 때문에 "한 생각이 마음이다"라는 말은 곧 "한 생각이 몸에 일으킨 반응까지가 곧 마음이다"라고 해야 좀 더 분명합니다. 그래서 "마음이 아프다" "마음이 행복하다" "마음이 괴롭다" 등의 말을 하게 되는 것입니다.

이러한 생각의 과정은 또한 잠을 잘 때에도 다르지 않습니다. 예컨대 잠을 자다 축구하는 꿈을 꾸면 꿈속에서도 공이 날아오고, 깨어 있을 때처럼 날아오는 공을 향해 발을 뻗어 공을 찹니다. 옆에서 자고 있는 사람을 발로 차고 나서 "내가 꿈을 꾸었구나" 하고 알아차리게 됩니다.

그와 같이 우리 몸은 깨어 있을 때나, 잠을 잘 때나, 오직 일어난 생각을 따라서 몸과 오장육부가 반응을 일으킬 수밖에 없는 구조로 되어 있기 때문에 걱정이 많거나, 꿈이 많으면 몸이 잠을 자기는 했지만 오장육부와 근육들이 밤새도록 머리속에 일어 났던 생각들(꿈)에 반응을 일으킴으로써 그만큼 피곤하지 않을 수 없는 것입니다.

그와 같이 제육의식(第六意識, 뇌) 속에 어떤 생각이 일어났는 가에 따라 우리 몸은 그대로 반응하게 되므로 때로는 울고, 웃고, 사랑하고, 미워하며, 희로애락 속에 살아가게 되는 것입니다. 따 라서 "한 생각이 곧 마음이다"라고 하는 것입니다.

그러나 만일 수행을 통해서 몸을 '나'라고 잘못 인식한 '아 상我相'이 소멸되면 생각생각 몸에 전달되어 일으키던 희로애락 의 마음 상태는 사라지고 우리의 몸은 순수의식에만 반응하게 됩 니다. 그러므로 번뇌가 소멸한 부처님의 몸은 순수의식인 공성空 性에만 영향을 받기 때문에 "바람 없는 촛불 같고 바람 없는 바다 같다"고 합니다. 그러므로 가장 편안한 마음의 상태, 즉 열반에 머물게 되는 것입니다.

몸이 곧 마음이다

"한 생각이 몸에 일으킨 반응까지가 곧 마음이다"라고 했습 니다. 그러나 한 발 더 들어가서 자세히 살펴보면 '몸이 곧 마음이다'라는 사실을 알게 됩니다. 우리가 생각하고, 말하고, 행위하는 일체의 과정들은 모두 제팔아뢰야식에 저장됩니다. 저장된 정보들은 반드시 업력을 지니게 되어 있습니다. 그 업력은 종자가 되고 다시 태어나게 되는 근본연根本緣이 됩니다.

그러므로 지금 이렇게 태어나 있는 내 몸은 세세생생 살아오면서 한 생각 한 생각, 한 행위 한 행위 쌓이고 쌓인 업의 결과로써 지금의 '내 몸'이 존재하게 된 것입니다. 따라서 현재의 몸은 과거의 마음(생각)이 쌓여서 이룬 것으로써 "몸은 곧 마음이다"라고 할 수 있습니다.

존재는 마음이다

일체유심조一切唯心造라는 말이 있습니다. "모든 것은 마음이 지었다"라는 말입니다. 이 말은 우주 그 자체가 곧 공성(空性, 식識)임을 말하는 것으로써, 우주라는 존재가 곧 마음이라는 것을 말합니다. 내 몸과 마음은 그 우주의 마음으로부터 태어났으며, 그 우주의 마음과 동일합니다. 그러므로 모든 존재(諸法)는 평등하다고 합니다. 왜냐하면 모두 동일한 하나의 공성空性으로 성립되어 있기 때문입니다.

그 모든 존재의 바탕이 되는 공성(空性, 식識)에 인격을 부여한 것이 곧 비로자나부처님이며 그 비로자나부처님으로부터 변화해 태어났다고 해서 생명 있는 모든 존재들을 화신불化身佛이라 합니다.

몸을 '나'라고 생각하는 '아상我相'은 뇌의 감각기능이 만든 것

그렇다면 한발 더 들어가서 생각은 어떻게 일어나는 것일까요? 생각이란 참으로 이해하기 힘듭니다. 생각을 이해하고 생각의 뿌리를 알 수 있다면 우리는 '나'라는 자의식에서 자유로워질 수 있습니다. 부처가 될 수 있다는 말입니다.

화두를 들고 화두를 타파하고자 하는 목적은 바로 "이 생각이 도대체 무엇이냐" 하는 것을 알기 위한 일입니다. 생각을 한마디로 정의하자면 "생각이란 뇌의 감각기능이 일으킨 관념화 현상"이라고 할 수 있습니다. 불교에서는 이것을 꿈의 세계라고 합니다. 생각은 꿈의 세계입니다. 영화의 세계처럼, 어떻게 이런 꿈을 꾸게 될까요? 이것이 바로 우리 몸의 감각기관의 한 기능인 제육의식(第六意識, 뇌)이 하는 일입니다. 우리가 사물을 볼 수 있는 것은 시각의 기능이 있기 때문입니다.

그런데 그 시각의 기능이라는 것이 참으로 신기한 것이 아닐 수 없습니다. 어떻게 눈을 통해서 사물을 낱낱이 볼 수 있을까요? 생각해 보면 신기할 뿐입니다. 그런데 그 신기함이 어찌 눈으로 보는 시각뿐이겠습니까? 소리를 듣는 청각도 그렇고, 냄새 맡는 후각도 그렇고, 맛보는 미각, 몸의 촉각 등 생각하면 모두 다 독특한 기능들을 가진 감각입니다. 그리고 지금 설명을 드리고자 하는 생각이라는 감각기관 또한 더욱 그렇습니다.

그러므로 생각은 우리 몸의 그러한 여러 감각기관 중 하나일 뿐이며, 관념화(생각)를 일으키는 감각입니다. 무엇인가를 알기 위해서 우리는 생각이라는 기능을 통해서 생각해 봄으로써 알 수 있습니다. 그러나 생각 그 자체를 알고자 할 때는 생각을 통해서는 알 수가 없습니다. 생각을 알고자 하면 생각이 쉬어져야 비로소 그 본질에 접근할 수 있습니다. 먼저 불교에서 말하는 여섯 가지 감각작용을 하나하나 살펴보겠습니다.

① 시각視覺 : 시각을 일으키는 감각, 눈, 봄.

② 청각聽覺 : 청각을 일으키는 감각, 귀, 들음.

③ 후각嗅覺 : 후각을 일으키는 감각, 코, 냄새.

④ 미각味覺 : 미각을 일으키는 감각, 혀, 맛.

⑤ 촉각觸覺 : 촉각을 일으키는 감각, 피부, 감촉.

⑥ 생각生覺 : 생각을 일으키는 감각, 뇌, 관념화.

여기서 말씀드리고 싶은 내용의 핵심은 '나다 너다, 있다 없다, 좋다 나쁘다' 등등의 모든 지각과 삶의 행위와 그 느낌이 사실은 우리 몸의 감각 기능인 안眼·이耳·비鼻·설舌·신身·의意의 여섯 가지 감각 작용들이 일으키는 그 감각작용일 뿐이라는 것입니다. 특히 우리 몸의 여섯 감각작용 중에 한 감각작용으로써 뇌(제육의 식第六意識)의 관념화 작용, 즉 몸을 '내 것'이라고 인식해서 '나'라는 '아상'을 일으키며 '나'로서 살아가게 하는 그 '나'가 사실은 매우 독특한 뇌의 감각에서 탄생한 관념화 현상일 뿐이라는 사실입니다.

자의식의 탄생과 죄의식의 탄생

동물에겐 '나'라는 생각이 적고 따라서 아상이 적지만, 인간에겐 '나'라는 생각이 많고, 따라서 '아상'이 많습니다. 동물에겐 '죄'라는 생각이 없고 따라서 죄도 없지만, 인간에겐 '죄'라는 생각이 있고 따라서 '죄'가 있습니다.

다음은 죄에 대한『화엄경』의 내용입니다.

죄는 자성이 없어 마음 따라 일어난 것
마음 만약 없어지면 죄업 또한 사라지네
죄도 업도 없어지고 마음 또한 공하여야
이것을 이름하여 진참회라 하는도다.

죄무자성종심기   罪無自性從心起
심약멸시죄역망   心若滅時罪亦亡
죄망심멸양구공   罪亡心滅兩俱空
시즉명위진참회   是則名爲眞懺悔

죄는 자성이 없어서 마음 따라 일어납니다. 그러나 그렇게 단순한 죄라는 개념이 쉽게 소멸되지 않는 이유는 위의 게송의 해석에서 '죄업罪業'이라는 말을 쓴 것과 같이 죄는 그 행위에 따르는 일체의 업이 입력되고 또 그 업에 따른 과보를 받기 때문입니다.

위의 게송에서 말하는 참된 참회라고 하는 것은 수행을 통해서 아상我相과 법상法相, 아집我執과 법집法執의 일체 상相과 일체 집착이 모두 소멸되어야 가능합니다. 그러므로 이치는 간단하지만 성취는 쉽지 않습니다.

철학과 불교의 차이

　　철학이란 생각과 언어라는 소재를 사용하여 사유라고 하는 방법으로 쌓은 인간의 사상체계입니다. 그러므로 철학은 인간 생각의 틀을 벗어날 수 없습니다. 그것은 고매한 철학이 될 수는 있겠지만 관념으로 이룩한 세계로써 실상의 세계에 도달할 수는 없습니다.

　　불교는 생각과 언어를 통해서 이루어지는 철학이라는 방법론 그 자체가 이미 함정을 갖고 있다는 사실을 너무나 잘 알고 있습니다. 생각과 언어의 함정이 곧 실상을 보지 못하게 하는 가장 큰 장애가 되기 때문입니다. 자신과 우주의 실상을 알고자 한다면 생각과 언어로 쌓은 철학이라는 방법론으로는 결코 접근할 수 없습니다.

부처님의 모든 가르침은 언어와 생각을 가지고서는 자신과 우주의 실상을 결코 알 수 없다는 사실을 밝히고 있습니다. 부처님께서는 돌아가시기 전에 제자들 앞에서 "나는 한 법法도 설한 바가 없다"고 이르셨습니다. 이게 무슨 의미일까요? 『금강경』의 말씀을 인용해 보겠습니다.

그때에 수보리가 부처님께 말씀드렸다.

"세존이시여. 마땅히 이 경은 무엇이라고 하며, 저희들은 어떻게 받들어 지녀야 합니까?"

부처님께서 수보리에게 말씀하셨다.

"이 경은 이름을 '금강반야바라밀경'이라 하니 이 이름으로써 그대는 마땅히 받들어 지녀라. 그 까닭이 무엇인가? 부처님께서 설하신 금강반야바라밀은 곧 금강반야바라밀이 아니기 때문이다."

노자는 "토끼를 잡으면 올무를 버리고, 물고기를 잡으면 그물을 버린다"고 했고, 부처는 "저 언덕에 이르면 타고 건넌 배는 두고 간다"고 했습니다. 부처님의 팔만사천법문은 다만 우리를 피안으로 건너게 해 주는 배일 뿐 절대적인 그 무엇이 아닙니다.

우리가 자주 쓰는 말 중에 "일리一理가 있다"는 말이 있습니다. 일리가 있다는 것은 "열 개 중에 하나의 이치는 있다"는 뜻입니다. 그러면 나머지 아홉은 어디에 있습니까? 그것은 언어 밖에 있다는 뜻입니다. 그러므로 부처님의 팔만사천법문도 그것이 문자인 한 일리가 있을 뿐입니다. 안타깝게도 실상이 그렇습니다.

부처님의 경전에 만일 십리十理가 모두 갖추어져 있다면 아마 경전을 읽는 즉시 모두가 성불해 마쳐야 할 것입니다. 그러나 부처님의 경전을 읽고 바로 성불하는 사람은 아무도 없습니다. 오직 일리가 있을 뿐이기 때문입니다. 나머지 아홉은 어디에 있습니까? 부처님께서는 고구정녕 말씀하십니다.

"이 경은 이름을 '금강반야바라밀경'이라 하니 이 이름으로써 그대는 마땅히 받들어 지녀라. 그 까닭이 무엇인가? 부처님께서 설하신 금강반야바라밀은 곧 금강반야바라밀이 아니기 때문이다."

그래도 혹 이해가 안 되시는 분을 위해 굳이 부연하자면 나머지 아홉은 "'나' 없는 그 자리에 본래 그대로 다 이루어져 있다" 할 것입니다. 부처님께서 "나는 한 법도 설한 바가 없다"고 하신 그 '나'가 본래 없기 때문입니다. '나'라는 생각이 있는 한 이해할 수 없습니다. 생각으로 하는 철학은 일리가 있을 뿐입니다.

달마대사의 안심법문安心法門

달마에게 '신광'이 묻습니다.

"마음이 괴롭습니다. 이 괴로운 마음을 편하게 해 주십시오!"

그러자 '달마'가 되묻습니다.

"그 괴로운 마음을 가져오너라. 편안케 해 주리라."

"마음을 찾아도 찾을 수가 없습니다."

"벌써 너의 마음을 편안케 하였느니라."

'신광'은 언하言下에 활연대오豁然大悟하고 '달마'에게 말합니다.

"오늘에야 모든 법이 본래부터 공적하고 깨달음이 멀리 있지 않음을 알았습니다."

'달마'가 '혜가'에게 말합니다.

"이제 신광이란 이름을 고쳐 혜가라 하라."

위의 내용은 혜가 스님이 달마와의 대화를 통해 깨달음을 얻는 장면을 서술한 내용입니다만 위의 그 몇 마디 대화 중에 혜가는 도대체 어느 부분에서 깨달음을 얻었다는 것일까요? 한번 생각해 볼 필요가 있겠습니다.

마음(생각)은 목적을 가지고 일어납니다. 목적 없는 마음은 단 한 생각도 일어날 수 없습니다. 마음이 일어나는 목적은 무엇일까요? 그것은 몸의 안위와 몸의 오욕五欲, 즉 식욕食欲·색욕色欲·명예욕名譽欲·재물욕財物欲·수면욕睡眠欲의 성취에 있습니다. 그 욕망을 성취하고자 하는 목적성을 가지고 마음은 끊임없이 일어납니다. 마음이 일어나지 않게 하려면 몸에 대한 집착, 즉 오욕五欲의 욕망을 내려놓으면 됩니다. 몸에 대한 집착이 없으면 마음도 쉬어집니다. 몸에 대한 집착이 곧 생각(마음)을 일으키는 원인입니다. '나'라고 집착하면 이미 몸은 '내 것'이 되어 버립니다.

그러나 '내 몸'에 집착이 없으면 '내 몸'은 '내 몸'으로 있지 않고 존재할 뿐입니다. 사라지거나 혹은 없어진다는 뜻이 아닙니다. 존재하지만 나와 나의 대상으로서의 존재가 아니라는 것입니다. 더 정확히 말하면 본래 '나' 혹은 '나의 몸'은 개체로 존재하지 않습니다. 그렇게 개체로 존재한다고 잘못 착각한 착각이 있을 뿐입니다.

『화엄경』에서는 "심불급중생心佛及衆生 시삼무차별是三無差別" 즉 "마음과 부처와 중생 이 셋은 차별이 없다"고 했습니다. 즉 "나도 부처요, 너도 부처다"라는 뜻입니다. 따라서 '나'와 '내 몸'에 대한 집착이 없으면 존재가 되고, '나'와 '내 몸'에 집착이 있으면 몸을 가진 개체의 '나'로 존재하게 됩니다.

"마음을 찾아도 찾을 수가 없습니다."
"벌써 너의 마음을 편안케 하였느니라."

바로 그때 혜가는 문득 "괴로운 마음"이 곧 한낱 생각이요, '큰 착각'이었음을 바로 알아차렸던 것입니다. 달마의 안심법문은 상근기인 혜가 스님을 위한 참으로 적절한 법문이었음을 알 수 있습니다.

그러나 깨달음에는 한 가지 중요한 전제 조건이 있습니다. 우리는 위의 대화 내용을 보거나 들어도 깨달음이 일어나거나 감동하지 않습니다. 왜 혜가는 깨닫고 우리는 아무런 느낌이 없을까요? 깨달음이란 반드시 동정일여動靜一如 이상의 선정력禪定力이 이루어져 있을 때만 가능한 성취입니다. 달리 말하면 초선정

初禪定 이상에서 사선정四禪定까지의 선정력이 갖추어져 있을 때만 비로소 일어나는 수행의 결과물이라는 것입니다. 사선정四禪定 이상의 선정, 즉 공무변처정空無邊處定으로부터 비상비비상처정非想非非想處定과 같은 선정에서는 오히려 깨달음은 일어나지 않는다고 봅니다. 깨달음이 일어나지 않는 이유는 선정禪定에 과몰입되어 오히려 지혜의 성취를 방해받기 때문입니다. 따라서 그러한 선정력이 이루어져 있지 않을 때는 참선을 한다고 용을 쓰고 있더라도 또 달마와 같은 큰스승을 만나서 위와 같은 대화를 나눈다 하더라도, 경전을 많이 읽고, 불교의 교리를 다 꿰뚫어 안다 하더라도, 깨달음은 일어나지 않습니다.

생각 없음無心에 이르는 법, 간화선

　　화두話頭란 무엇인가? 화두는 말 그대로 말(話)의 머리(頭)라는 뜻입니다. 말에는 머리가 있고, 몸통이 있으며, 꼬리가 있습니다. '화두를 잡는다'는 것은 꼭 그 말(話, 생각)의 머리를 잡으라는 뜻입니다. 몸통을 잡아도 안 되고, 꼬리를 잡으면 더욱 안 될 것입니다.

　　따라서 '화두를 잡는다'는 말은 한 생각 일어나기 이전의 상태를 유지하라는 말입니다. 생각이 일어나기 이전의 자리, 즉 무심처無心處에 성성적적惺惺寂寂하게 머문 마음이 화두를 잡은 상태입니다. 만일 그렇지 못하고 일어난 생각을 잡았다면(알아차림)

그것은 말(생각)의 중간을 잡은 것이 됩니다. 그리고 몸의 행위를 잡았다면(알아차림) 그것은 말의 꼬리를 잡은 것입니다. 화두를 잡는다는 것을 활구(活句, 살아있음)와 사구(死句, 죽어있음)로 나누기도 합니다만 생각 이전의 자리에 화두를 잡고(알아차림) 있으면 활구活句라 하고, 일어나는 생각을 명료하게 알아차리지 못하면 사구死句라 합니다.

그러나 수행은 항상 화미話尾, 화중話中, 화두話頭의 수순을 밟을 수밖에 없습니다. 즉 행위를 알아차리고, 생각을 알아차리고, 생각과 생각 사이를 알아차리고 마침내 생각이 간헐적으로 끊어지는 단계를 거쳐서 완전히 생각이 소멸하는 단계로 진입하는 순서를 밟게 됩니다.

"생각을 소멸하는 것이 수행이라면 생각 없이 어떻게 살 수 있는가?"라는 질문을 할 수 있겠습니다만 업식業識에서 일어나는 욕망에 의한 생각(망념)들이 소멸함을 말할 뿐 생각 자체를 하지 못하거나, 하지 않는 것은 아닙니다. 대혜종고(大慧宗杲, 1089~1163) 스님은 『서장書狀』이라는 책에서 "익은 것을 설게 하고 선 것을 익게 하라"고 했습니다만 그 말의 낙처는 지금까지 익숙하던 생각하는 습관을 버리고, 오히려 생각을 멈추고, 생각을 알아차리는(관찰) 것을 익숙하게 하라는 말입니다. 화두참구란 생각 일으키는 그 의식을 돌이켜 생각 일어나는 곳을 관찰하는 것입니다. 관찰하는 힘이 커지는 것과 비례하여 망념의 힘은 자연히 줄어들게 됩니다.

선가에 전하는 말로 "해가 뜨면 달이 지고, 달이 뜨면 해가 진다"라는 말이 있습니다. "번뇌가 치성하면 관찰하는 집중이 깨지고, 관찰하는 집중이 강해지면 번뇌가 사라진다"는 뜻입니다. 관찰하는 마음과 번뇌를 일으키는 마음은 결국 같은 의식을 쓰기 때문입니다. 보는 것에 집중하면 들리지 않고, 듣는 것에 집중하면 보이지 않는 것과 같습니다. 깨달음이 성취될 때의 상태를 '성성적적惺惺寂寂하다'라고 합니다만 '성성'이란 들고 있던 화두가 이미 번뇌와 함께 사라져 없어진 상태를 말합니다. 좀 의아해 하실 수 있겠습니다만 미세 번뇌마저 없는 상태인 성성한 자리에서 어찌 '이뭣고' 혹은 '무자' 등의 화두가 들려 있을 수 있겠습니까? 공부가 익어진 자리에서는 화두 또한 생각이요, 번뇌에 다름 아니기 때문입니다.

선가의 말에 "염기즉각念起卽覺 각지즉무覺知卽無"라 "생각이 일어나는 즉시 알아차리면, 알아차린 즉시 사라진다"는 말이 있습니다. 수행이 깊어져서 성성한 자리에 이르게 되면 화두 또한 생각이요, 번뇌일 뿐이므로 번뇌와 함께 화두 또한 들려 있을 수 없습니다. 다만 화두조차 없는 성성적적한 각성의 상태가 유지될 뿐입니다. 번뇌뿐 아니라 화두조차 끊어진 이러한 상태가 일정 유지되는 과정을 거치고서야 비로소 문득 깨달음을 이루게 되는 것입니다. '적적'이란 수행이 깊어져 번뇌가 없어졌으므로 생각에 따라 반응하던 몸은 반응할 생각이 없고, 순수의식만 있는 상태이므로 따라서 고요한 상태에 머물게 됩니다. 이러한 상태가 곧 성성적적입니다. 따라서 화두를 선택하는 데 있어서 '무자無字' 등의 특정한 화두만을 들어야 한다는 분들이 있습니다만 그것은 화두의 본질을 잘못 오해한 것입니다. 어떤 특정한 화두가 중요한 것이 아니라 화두를 들고 집중해서 정定에 들 수 있도록 용맹정진하는 것이 무엇보다 중요한 일입니다. 그렇다면 왜 굳이 화두를 들어야 할까요?

화두가 필요한 이유는 첫째, 화두로 기준을 삼지 않고서는 계속해서 천차만별의 다양한 모습으로 일어나는 생각들을 구별해서 내려놓을 수 없기 때문입니다. 둘째, 화두를 들고 수행을 할 때 일정 정도의 정이 깊어지면(동정일여動靜一如) 마침내 강력한 의문을 돈발케 하기 때문입니다. 그 대의심大疑心의 강력한 힘은 쉽고 안전하게 우리를 깨달음에 이르게 하기 때문입니다.

인간이 언어를 사용함으로써 오히려 '나'라는 자의식은 더욱 뚜렷해졌습니다. 언어를 사용함으로써 '나'로서의 아상我相과 아집我執으로 발생하는 고통 또한 더욱 명료해졌습니다. 인간이 언어를 쓰게 된 것이 고통의 시작이었으나 그 고통의 시작인 언어의 발생으로 말미암아 마침내 인간은 자신을 객관화해 스스로를 돌아볼 수 있는 성숙의 길이 열리게 되었습니다. 수성獸性으로부터 시작해서 문화성文化性에 도달하였습니다. 그리고 인류가 한발 더 나아가야 할 단계는 바로 문화성의 핵심인 그 언어 자체를 이해하는 단계입니다. 그 언어 자체를 이해하기 위해서 반드시 알아야 할 한 단어가 바로 '나'라는 존재의 언어입니다. 이 '나'라는 언어가 모든 생각의 어머니이며, 내 생사윤회의 근본이기 때문입니다.

우리는 왜 행복을 잃었을까요? 본래 있던 행복을 잃었다면 그것은 곧 나는 왜 '나'로서 존재하는가의 질문에 답을 해야 합니다. 그것이 곧 불행의 근본 원인을 푸는 열쇠이기 때문입니다. '나'는 연기적緣起的 존재입니다. 그러므로 나는 몸도 아니며, 당연히 마음도 아닙니다. 그렇다면 나는 무엇입니까? '나'의 본질을 찾는 것은 곧 잃어버린 행복을 찾는 일이며 무명으로 왜곡되었던 본래의 '나'(공空, 진여眞如)를 회복하는 일입니다.

운명과
업

우하리 愚下里[36]

세상사 시시비비는
다 따질 수 없는 일

이것!

그저
좋고 좋아라!

우하리에는
흘러가는 물소리조차
오히려 향기롭고

좋고 좋음이여!
부처 없는 마을에
꽃 피고 새가 우네.

우하리(愚下里) : '어리석은 아랫마을 사람들'의 뜻.

운명 運命

　　운명이란 무엇일까요? 나의 힘으로 어찌할 수 없는 것을 일러 운명이라 합니다. 우리가 태어나고 죽는 것도 결국 운명이라고 할 수 있겠지요. 태어난 사람이 죽지 않을 수 없고, 또 죽은 사람이 다시 태어나지 않을 수 없기 때문입니다.

　　그러면 운명이라는 것은 어디서 왔을까요? 운명이 베토벤의 '운명교향곡'처럼 갑자기 '쾅쾅쾅 쾅앙~' 하고 하늘에서 나에게 뚝 떨어진 것일까요? 부처님께서는 인과법을 말씀하셨으니 분명 원인이 있어야 할텐데, 그 원인은 무엇일까요? 운명은 무엇이고 어떤 운명에 의해서 나는 태어났으며 그 운명은 어디서 왔을까요?

자신의 운명을 알려고 한다면 먼저 자신의 업에 대해서 잘 알아야 합니다. 업을 말씀드리기 전에 운명 이야기가 나왔으니 베토벤의 '운명교향곡'이 왜 천둥소리로 시작되는지 짚어 보겠습니다.

여러분도 잘 알다시피 '하이든'이란 작곡가는 사람들이 연주회에서 음악엔 별 관심이 없고 졸기만 하니까 꾀를 내어 '놀람교향곡'을 작곡했다고 합니다. 가장 많이 조는 시간에 '놀람교향곡'을 연주해 깜짝 놀라게 하고 또 잠도 깨우려 했답니다. 그러나 베토벤의 '운명교향곡'은 자기 자신에게 놀라서 쓰게 된 곡이라고 생각합니다. 나의 의지와 상관없이 지금 여기 인간의 몸으로 태어나 살아있는 내 존재의 충격 말입니다. 문득 정신을 차려보니 내가 이렇게 베토벤이란 인간으로 존재해 있더란 말입니다. 그 존재의 자각이 천둥처럼 베토벤 자신에게 자각된 소리인 것입니다. 운명교향곡의 처음 도입부의 의미를 설명하면 아마 다음과 같지 않을까요?

"나는 왜 여기 있는가? 여기는 어디고, 그리고 나는 누구인가?"

여러분은 어릴 때 자다 깨서 울었던 기억이 있으시죠? 왜 울었는지 기억이 나시나요? 잘 생각해 보세요. 왜 울었는지. 저도 울었던 기억이 있어요. 너무 황당하고 두려워서 울었어요. 처음 느껴지는 이 낯선 곳, 여기가 어디지? 난 누구지? 집의 천정과 낯선 방 안의 무어라 말할 수 없고 표현할 수 없는, 그러나 이 현실에 펼쳐진 존재의 막막함과 황당함, 갑자기 펼쳐진 이해할 수도 없고, 어찌할 수도 없는 현실 앞에 울음을 터트리지 않을 수 없었던 그때를 저뿐만 아니라 여러분도 가만 생각해 보시면 기억하실 수 있을 듯합니다.

존재의 자각, 내가 무엇인지도 모르고 또 여기가 어딘지도 모르고 그저 어디엔가 던져져 있는 듯한 낯선 충격, 어찌 울지 않을 수 있었겠습니까? 운명처럼 나는 여기 왜 태어나 이렇게 존재해 있는 것일까요?

결론부터 말하자면 일체의 존재는 업業의 결과로 현현되어진 것입니다. 그렇다면 그 업이라는 것은 또 무엇일까요? 지금부터 설명하는 업에 대한 설명을 잘 이해하면 자신의 운명에 대해 그리고, 앞으로 우리가 어떻게 살아야 하는지의 답이 명확히 드러나게 됩니다. 그리고 수행이 왜 필요한 것인지에 대한 이유도 알게 됩니다.

식識에 대한 이해

　　업業에 대해 좀 더 쉽게 설명하기 위해서 먼저 '불교유식론佛
敎唯識論'에서 분석한 식識의 여러 기능들을 살펴보는 것이 좋겠습
니다. 오늘 이 자리에서는 업을 설명하기 위한 자리이므로 기초
적인 선에서 불교의 유식唯識을 설명합니다.

　　유식唯識에서 설명하는 식識에는 안식眼識·이식耳識·비식鼻
識·설식舌識·신식身識의 전오식前五識이 있고, 제육의식第六意識,
제칠말라식第七末那識, 제팔아뢰야식第八阿賴耶識, 이렇게 모두 여
덟 가지의 식識이 있습니다.

전오식前五識

전오식前五識이란 안眼·이耳·비鼻·설舌·신身의 다섯 가지 의식意識을 말하는 것으로, 제육의식(第六意識, 뇌) 앞에 있다고 해서 '앞 전前'자를 붙여 전오식前五識이라고 합니다. 이 전오식은 각각 보고·듣고·냄새 맡고·맛 보고·감촉하는 기능을 가진 식識입니다.

이 다섯 가지의 식識을 국가의 조직에 비유하자면 국정원의 정보요원 기능과 같다고 할 수 있습니다. 정보요원은 모든 정보를 수집해서 상부에 보고합니다. 정보를 수집해서 판단 기능을 가진 상부에 보고할 뿐 그 수집한 정보를 자신이 평가하거나 판단하지 않습니다. 그와 같이 전오식은 각자 자신이 담당한 기능의 정보를 수집하여 그 수집된 정보를 각각 제육의식에 보고하는 것으로써 자신의 소임을 마칩니다. 이것이 전오식의 기능입니다.

제육의식第六意識

제육의식은 전오식이 수집해서 보내준 정보를 가지고 평가하고 판단해 비로소 우리 몸을 행동할 수 있게 합니다. 국가에 비유하자면 대통령이 하는 일과 같다고 하겠습니다. 그런데 제육의식이 모든 정보를 얻어 자신의 몸을 행동하게 하는 데 있어서 몸 밖의 정보만 필요한 것이 아니라 내 몸의 상황도 같이 살펴야 하고 또한 그동안 살면서 얻어진 일체의 정보를 활용해서 자신에게 더 유리하도록 행동해야 하므로 제팔아뢰야식에 기억으로 입력되어 있는 과거의 정보도 모두 취합해야 합니다.

그러기 위해서 내 몸 밖에서 얻어야 하는 모든 정보는 전오식을 이용해서 얻고, 내 몸 자체의 정보는 제칠말라식을 이용해서 얻고, 또 과거의 기억된 정보는 제칠말라식을 이용해서 제팔아뢰야식에 저장되어 있던 정보들을 추출하게 됩니다. 다시 말하자면 제육의식은 우리의 몸 밖의 상황과 몸 자체의 상황 그리고, 과거 기억들의 모든 정보를 전오식과 제칠말라식 그리고, 제팔아뢰야식의 기능들을 이용하여 정보를 얻고 판단하고 결정해서 마침내 말하고 행동하게 됩니다.

예컨대 우리가 식당에서 뷔페 공양을 할 때 제육의식은 전오식의 기능을 통해서 앞에 어떤 음식이 어떻게 얼마만큼 차려져 있는지 확인합니다. 이때 주의해서 이해해야 할 것은 그 음식이 어떤 음식인가? 김치인가? 밥인가? 하는 것은 눈이 판단하는 것이 아니고, 눈은 그냥 사물의 정보를 제육의식에게 비춰 보여주기만 할 뿐 그것이 김치인지 밥인지 판단하지 않습니다.

그것이 김치인지 밥인지 판단하는 것은 제육의식이 눈으로 비춰진 정보를 받아서 과거의 정보 창고, 즉 제팔아뢰야식에 입력되어 있던 정보들을 제칠말라식을 써서 김치의 기억, 밥의 기억 등을 출력해 내고, 눈을 통해 얻은 외부의 정보들과 함께 제육의식이 종합해 비교 분석하여 판단하게 됩니다. 전오식의 기능들, 즉 보고, 듣고, 냄새 맡고, 맛보고, 감촉하는 감각의 기능들은 눈과 같이 다만 정보를 제육의식에 보내주는 것으로 그 소임을 다합니다.

또 제칠말라식을 이용해서 몸속의 상태, 즉 배가 지금 얼마나 부른가, 혹은 얼마나 고픈가 하는 몸의 상태를 체크하고 제팔아뢰야식에 입력되어 있었던 정보들, 즉 앞에 놓여 있는 음식의 호불호의 경험치를 비교 분석하여 얼마를 먹는 것이 적당한가를 판단하고, 결정하여 행동하는 것입니다. 이러한 매커니즘을 통해서 우리의 마음(제육의식第六意識, 뇌)은 몸을 움직이며 살아가는 것입니다.

이와 같이 제육의식은 전오식과 제칠말라식 그리고 제팔아뢰야식의 기능들을 이용해서 그 확보된 정보를 종합하여 평가하고 판단해서 행동하는 대통령과 같은 의식이라고 할 수 있습니다. 한 가지 덧붙이자면 전오식이 외부의 정보를 담당한 정보원이라면 제칠말라식은 내 몸 내부의 정보를 담당한 정보원이며 제팔아뢰야식은 일체의 정보를 저장하는 정보 저장창고라고 할 수 있습니다.

제칠말라식第七末那識

제칠말라식은 내몸 내부의 정보를 담당한 정보원이라고 말씀드렸습니다. 내 몸 내부의 정보원을 뒤집어서 생각해 보면 내 몸 내부의 정보들을 수집할 수 있는 어떤 근(根, 네트워크network)을 가지고 있다고 할 수 있습니다. 우리 몸에는 눈이 있고, 귀가 있고, 코가 있고, 혀가 있고, 몸이 있고, 뇌가 있습니다. 이것을 안근眼根·이근耳根·비근鼻根·설근舌根·신근身根·의근意根이라고 말합니다.

이 여섯 기관들에 상응하는 경계境界를 육경六境이라고 합니다. 안근眼根은 물질, 이근耳根은 소리, 비근鼻根은 향기, 설근舌根은 맛, 신근身根은 감촉, 의근意根은 법法의 여섯 경계境界가 있는데 이것을 색경色境·성경聲境·향경香境·미경味境·촉경觸境·법경法境이라고 합니다. 여기에서 법경法境은 제육의식第六意識에 해당되는 것으로서 생각하는 기능은 의근(意根, 뇌腦)이 되고, 의근意根에서 일어난 각각의 생각(개념)을 법경法境이라고 합니다.

또 그 근根과 경境이 있다 하더라도 그 근根과 경境이 작용할 수 있게 하는 육식六識이 있어야 합니다. 육식六識은 안식眼識·이식耳識·비식鼻識·설식舌識·신식身識·의식意識을 말합니다. 이 육근六根과 육경六境과 육식六識이 있음으로써 마침내 사람이 보고·듣고·냄새 맡고·맛보고·감촉하고·생각하는 행위를 할 수 있습니다. 이것을 육근六根·십이처十二處·십팔계十八界라고 하는데 다음과 같습니다.

> 안근眼根·이근耳根·비근鼻根·설근舌根·신근身根·의근意根의 육근六根.
>
> 육근六根에 색경色境·성경聲境·향경香境·미경味境·촉경觸境·법경法境을 더해서 십이처十二處.
>
> 십이처十二處에 안식眼識·이식耳識·비식鼻識·설식舌識·신식身識·의식意識을 합해서 십팔계十八界.

그와 같이 사람이 본다는 행위가 이루어지기 위해서는 반드시 눈이라고 하는 안근眼根이 있어야 하고, 그 안근眼根에 상응하는 경계境界인 대상의 물질이 있어야 하며, 안근眼根인 눈에 의식意識이 있어야 합니다.

의식意識이 있으면 살아있는 사람이고 의식意識이 없으면 죽은 사람입니다. 살아있는 사람은 사물을 볼 수 있지만 사람이 죽으면 보지 못합니다. 죽으면 보지 못한다는 것은 근根은 있지만 그 근根에 의식意識이 없어졌기 때문에 보지 못합니다. 반대로 시각장애인은 근根이 손상되었으므로 의식意識은 있지만 보지 못합니다.

그와 같이 제칠말라식도 근根을 가지고 있습니다. 이 제칠말라식의 근根을 저는 의학에서 말하는 몸의 신경망이나, 한의학에서 말하는 경락으로 생각합니다. 그러므로 안근眼根의 대상경계가 색경色境이듯이 제칠말라식의 대상경계는 곧 우리의 몸 전체가 됩니다. 이 신경망이 제육의식을 중심으로 온몸에 분포되어 있기 때문에 제칠말라식을 통해서 비로소 몸을 '내 몸'으로 인식할 수 있게 됩니다. 제육의식이 제칠말라식을 통해 인식한 그 '내 몸'을 근거로 해서 아상我相이 발생되는 것이며 이 아상我相이 바로 인간의 근본번뇌根本煩惱가 됩니다. 아상我相을 좀 더 자세하게 네 가지로 세분해 근본사번뇌根本四煩惱라고 합니다. 근본사번뇌는 다음과 같습니다.

첫째, 내 몸이 아닌 것을 '내 몸'이라 잘못 착각한 의식, 아치我痴.

둘째, 잘못 착각한 아치我痴로 인해 '내 몸'이라 굳게 믿는, 아견我見.

셋째, 잘못된 견해 아견我見으로 인해 일어나는 '내 몸'에 대한 집착, 아애我愛.

 넷째, 잘못된 애착 아애我愛로 인하여 '내'가 제일이 되어야 하는 아만我慢.

이와 같이 아상我相의 근본 4번뇌인 아치我痴·아견我見·아애我愛·아만我慢으로 말미암아 '나', '내 몸', '내 것', '삶과 죽음'에 대한 무한 집착을 일으키며 오직 '나'를 중심으로 세상을 봅니다. 그러한 인식과 그러한 집착으로 말미암아 가지가지의 번뇌가 일어나고, 고통이 일어나며, 죽음에 대한 공포가 일어납니다. 또한 그러한 집착의 행위들은 행위 하나하나까지 일체가 업으로 쌓이고 생사윤회의 원인이 됩니다.

그와 같이 내가 있다는 생각은 근거 없이 일어나는 것이 아니라 제칠말라식이 몸을 '내 몸'으로 인식함으로써 일어납니다. 우리가 항상 나를 위주로 생각하는 것이 제칠말라식 때문입니다.

제팔아뢰야식第八阿賴耶識

전오식, 제육의식, 제칠말라식, 제팔아뢰야식 등 우리 몸의 모든 식들은 최초 단세포 생명의 탄생과 함께 비롯되었고, 진화

(윤회)를 거듭하면서 생존의 필요에 따라 정교한 기능을 가진 감각기관으로 더욱 발전되었습니다. 따라서 생명의 진화와 함께 좀 더 유리한 생존을 위한 목적으로 각각의 식識들이 정교해진 것임을 알 수 있습니다. 다음은 아뢰야식의 이해를 돕기 위해 먼저 최초 단세포 생명의 탄생과 식識, 의식意識, 아뢰야식阿賴耶識, 그리고 아뢰야식연기阿賴耶識緣起 까지 차례로 설명하겠습니다.

1) 공성空性의 본질本質, 식識

지구 밖 저 무한 우주에는 지구에 살고 있는 우리와 같은 생명체가 존재할 수 있을까요? 우주는 텅 빈 공간, 즉 허공이 아니라 공성空性의 식識으로 가득합니다. 우리가 보고, 듣고, 냄새 맡고, 맛보고, 감촉하고, 생각할 수 있는 것은 우리 몸에 의식이 있기 때문이지만 그러나 그보다 먼저 우주는 공성空性이며, 그 공성의 본질이 식識이기 때문입니다. 따라서 우리는 이렇게 의식을 가지고 보고, 듣고, 인식하면서 살 수 있습니다. 그렇게 지수화풍地水火風인 물질과 공성인 식의 연기로 지구상에 최초에 단세포 생물이 탄생했습니다.

따라서 우주의 어느 먼 별에도 지수화풍의 조건, 즉 대지와 물과 태양과 산소의 조건이 선행된다면 생명은 당연히 탄생할 수 있습니다. 공성인 식은 우주의 본질로써 어느 곳에도 존재하기 때문입니다. 그것을 어떻게 단언할 수 있을까요? 지금 우리가 살고 있는 이곳이 바로 저 우주 속의 한곳 지구라는 작은 별이기 때문입니다.

2) '내 몸'의 식識識, 의식意識

우리가 사는 지구는 45억 년 전에 탄생하였고, 지구상의 최초의 단세포생명의 탄생은 35억 년 전이라고 합니다. 그렇게 35억 년 전의 지구에 지수화풍地水火風의 색성色性과 공성空性인 식識의 연기로 최초의 단세포 생물이 탄생했습니다. 그 단세포 생물은 헤아릴 수 없이 많은 시간 동안 오직 살아남기 위해 맹목적 삶의 의지로써 윤회하면서 진화를 거듭해 왔습니다.

사람은 사람의 몸을 '나'로 삼고, 호랑이는 호랑이의 몸을 '나'로 삼고, 개는 개의 몸을 '나'로 삼고, 그리고 현미경으로 보아야 볼 수 있는 세균은 그 작은 색성色性인 물질을 '나'로 삼고 살아갑니다.

인간은 단세포 생물에서 유인원을 거쳐 이제 60조 개의 세포를 가진 인간의 몸으로까지 진화해 왔습니다. 따라서 공성空性인 식識이 물질과 연기緣起되어 '나', '내 몸', '내 것', '삶과 죽음'으로 인식한 식識을 의식意識 혹은 '마음'이라고 합니다.

3) 존재의 모든 기억, 아뢰야식阿賴耶識

색성色性을 '나', '내 몸', '내 것', '삶과 죽음'으로 인식한 의식意識, 즉 마음은 현재의 삶에서 살아남기 위해 최선을 다해 노력합니다. 그러나 그와 동시에 모든 것을 기억하고 저장하는 매우 특이한 기능을 가진 의식의 한 특성이 있으니, 이름하여 '아뢰야식阿賴耶識'이라고 합니다. 아뢰야식은 내가 기억하고 싶다고 기억하고, 기억하기 싫다고 기억하지 않는 것이 아니라 보고, 듣고, 냄새 맡고, 맛보고, 감촉하고, 생각하고, 행위하는 모든 것들을 의지와 상관없이 빠짐없이 기억합니다. 모든 것을 기억하고 저장하기 때문에 '장식藏識'이라 하고, 또 윤회하는 다음 생의 종자가 된다고 하여 '종자식種子識'이라고 합니다.

'까르마karma'라는 단어를 들어보셨지요? 행위를 뜻하는 단어입니다. 이것을 번역해서 업業이라 했습니다. 그런데 업業이라 쓰지 않고 항상 업력業力이라 말하는 것은 업業이란 항상 업력業力, 즉 힘으로 작용하기 때문입니다. 따라서 공성空性인 식識이 물질인 색성色性을 '내 몸'으로 잘못 인식함으로써 무명식無明識인 의식意識으로 전변轉變될 때 색성(色性, 몸)을 '나'로 잘못 인식한 의식은 반드시 색성色性을 '나'라고 인식함과 동시에 의식의 한 특징적 기능으로써 모든 생각과 행위한 일체를 기억하고 저장하는 아뢰야식('나'의 존재가 생각하고 행위한 모든 정보를 저장해 놓는 기능) 또한 작용하게 되는 것입니다. 이러한 공성空性인 식識의 작용은 인간이 어찌 할 수 없는 법계연기法界緣起의 세계입니다.

아뢰야식을 뇌의 기억 기능에 한정해서 생각하시는 분들이 있습니다. 하지만 제팔아뢰야식은 뇌를 포함해서 온몸의 세포 하나 하나까지가 모두 제팔아뢰야식이며, 세포 하나까지 자신의 영역의 모든 정보들을 기억합니다. 다시 말하면 안근眼根·이근耳根·비근鼻根·설근舌根·신근身根·의근意根의 일체가 모두 제팔아뢰야식의 근根이며 또한 그 육근六根의 경계인 색경色境·성경聲境·향경香境·미경味境·촉경觸境·법경法境의 십이처十二處가 모두 제팔아뢰야식의 경계境界며, 안식眼識·이식耳識·비식鼻識·설식舌識·신식身識·의식意識까지 포함한 십팔계十八界가 곧 제팔아뢰야식의 식계識界인 것입니다.

따라서 몸을 '나'라고 인식한 아상과 아뢰야식은 이름을 달리 할 뿐 본질은 하나입니다. 우리 몸을 이루게 된 팔식八識은 최초 단세포 생명의 탄생으로부터 그 물질인 색성色性을 '나'로 인식한 그 '나'가 열악한 주변 환경 속에서 살아 남기 위해 많은 시간 윤회를 거치면서 만들어온 식識의 진화이기 때문입니다.

따라서 '나'라는 아상과 아뢰야식은 동일한 하나의 무명식無明識입니다. "열반을 성취한다"는 것은 몸을 '나'라고 착각한 그 '아상'의 소멸을 의미합니다만 아상의 소멸이 곧 아뢰야식의 소멸임은 재론의 여지가 없습니다. 따라서 아뢰야식이 곧 12연기의 시작점인 무명의 본체이며, 몸을 '나'라고 인식한 '아상'의 본질인 것입니다.

따라서 제육의식이 제칠말라식을 통해서 자신의 몸을 잘 살펴보고 자신의 몸이 '나'라 할 것이 없는 연기적 존재이며 따라서 무상하여 집착할 것이 없다는 사실을 알게 되면 그러한 사실을 잘 살펴보아 깨달(견성見性)은 제육의식은 관찰의 주체이므로 전변轉變하여 "묘관찰지妙觀察智를 이룬다" 하고, 제육의식이 묘관찰을 이룰 수 있게 한 전오식前五識은 그동안 쉼 없이 번뇌만을 보고, 듣고, 냄새 맡고, 맛보고, 감촉하는 등의 정보만을 제육의식에 보내주었으나 그러한 번뇌의 정보들은 사라지고 오히려 공성의 본질인 식識을 비춰줌으로써 비로소 지혜를 이루게 한다고 하여 전변轉變하여 "성소작지(成所作智, 보고 듣고 냄새 맡고 맛보고 감촉하는 전오식의 활동들이 모두 지혜를 이룬다)를 이룬다" 하는 것입니다.

제칠말라식은 비로소 '내 몸'에 대한 집착을 내려놓게 됨으로써 나와 상대되는 너 또한 자연히 내려놓게 되고 따라서 나와 남이 없는 무아無我의 상태, 즉 아상我相 법상法相, 아집我執 법집法執이 모두 소멸한 의식으로 전변轉變하여 "평등성지平等性智를 이룬다" 하는 것입니다.

그리고 끝으로 아뢰야식이 전변轉變하여 완전한 깨달음인

"대원경지大圓鏡智를 이룬다" 하며 또 아뢰야식이 전변하여 "제구 백정식(第九白淨識, 대원경지大圓鏡智와 동일)을 이룬다" 하여 팔식八識 에 하나를 더해 구식九識으로 설명하기도 합니다.

아뢰야식연기 阿賴耶識緣起

　불교에서는 태어나는 때를 '생유生有'라 하고, 태어나서 죽을 때까지를 '본유本有'라 하며, 죽을 때를 '사유死有'라 하고, 죽어서 다시 태어나는 때를 '중유中有'라 합니다. 사람이 죽어서 다시 태어날 때까지, 즉 중유의 기간에는 업식(業識, 아뢰야식)만으로 존재합니다. 업식으로 존재한다는 것은 바로 귀신 혹은 영가로 존재한다는 뜻입니다. 죽으면 천상을 간다거나 지옥을 간다거나 합니다만 '하늘 천天' 자와 '땅 지地' 자를 썼으니 천당은 하늘에 있고, 지옥은 땅 속에 있지 않을까 하는 막연한 생각 때문이겠습니다. 천당이나 지옥은 색성(色性, 지수화풍)인 몸을 잘못 집착해서 그 색성에 갇힌 상태에서 욕계欲界의 세계인 지옥, 아귀, 축생, 아수라, 인간, 천상의 육도를 윤회하면서 살아가는 중생의 모습을 나타낸 표현입니다. 분명한 것은 전생(현재 이전)에 지은 업식業識에 따른 업감(業感, 죽어도 몸이 있다고 느낌)으로 인해 이타적인 삶을 살아서 마음(업식業識)에 불안함이 없으면 천당이 되고, 이기적인 삶을 살아서 마음(업식業識)에 불안함이 많으면 지옥이 되는 것입니다.

몸을 '나'로 삼고 살아가는 중생들은 살았거나 죽었거나 모두 색성(色性, 지수화풍)으로 이루어진 '내 몸'이란 지옥에 갇혀 일체개고一切皆苦의 고통 속에 살아가는 중생이 아닐 수 없습니다. 따라서 귀신이 되는 것은 색성인 몸을 '나', '내 몸', '내 것', '삶과 죽음'의 것으로 집착한 상태에서만 가능합니다. 부처님은 몸을 '나'로 집착하지 않습니다. 그렇기 때문에 당연히 업業도 지어지지 않습니다. 따라서 죽어도 귀신이 되지 않고, 윤회가 이뤄지지도 않습니다. 그러므로 집착(아상, 아뢰야식)이 남아 있으면 귀신이 되고, 집착(아상, 아뢰야식)이 없으면 부처님이 됩니다. 따라서 귀신은 있기도 하고, 없기도 합니다. 그렇듯 업력이 모두 소멸하면 윤회를 멈추어 부처(열반)가 되고, 업력의 힘이 남아 있으면 그 힘에 이끌려 윤회하기 때문에 이름하여 아뢰야식연기阿賴耶識緣起 혹은 업감연기業感緣起라 합니다.

우리가 이 지구별에 단세포 생명으로 태어나 60조 개의 세포를 가진 인간의 몸으로 진화하면서 존재하게 된 근본 원인은 바로 식(識, 공성)이 물질(지수화풍)을 '내 몸'으로 착각하여 '나'라는 '아상'이 발생하면서 동시에 '나'의 모든 행위를 기억해 저장하는 제팔아뢰야식(業識)의 그러한 기능 때문입니다. 반드시 그래야만 했던 이유는 물질인 색성을 잘못 착각한 최초의 단세포 생명의 '나'(아상, 아뢰야식)는 당면한 열악한 환경에서 어떻게든 살아남기 위해 셀 수 없이 많은 어려움을 극복하는 과정에서 불가피하게 필요한 기능들을 발전시켜야 했던 것입니다.

그렇게 윤회와 진화를 거치면서 정교하고 온전하게 지금의 여덟 가지의 식識을 발전시켰고 인류의 현재의 몸으로 살아남은 것입니다. 다른 이유는 없습니다. 그것은 오직 살아남기 위한 한 가지 이유 때문인 것입니다. 살아남기 위한 것, 이것을 다른 말로 표현하면 곧 색성色性인 물질을 '나'로 잘못 착각한 그 무명 때문이요, 그로 인하여 목숨에 대한 무한 애착이 일어났기 때문입니다. 우리는 결국 목숨 때문에 중생인 것입니다. 굳이 부처님의 연기법을 달리 표현한다면 "목숨(무명)과 열반(지혜)은 등가교환의 법을 따른다"고 할 것입니다. '몸'을 '나'라고 인식한 한 생각이 곧 모든 인과의 시작이며, '몸'을 '나'라고 인식한 한 생각의 소멸이 곧 열반임을 부처님은 이미 연기법으로 밝혀놓으셨습니다.

『삼국유사』에 돌아가신 사복이의 어머니를 위한 원효의 영가법문이 있습니다.

"태어나지 말아라. 죽는 것이 괴롭다. 죽지 말아라. 태어나는 것이 괴롭다."

그렇습니다. 태어나지도, 죽지도 않는 그곳이 우리들의 본래 고향입니다. 우리는 지금 이순간도 나지도 멸하지도 않고, 더럽지도 깨끗하지도 않고, 늘지도 줄지도 않는 본각本覺의 여래로 존재하고 있습니다. 나는 누구입니까? 삶과 죽음은 무명을 원인으로 한 착각이 만든 꿈의 세계일 뿐입니다.

불교와
기독교

우담바라[37]

남을 위해 건네는 따스한
그대 손끝에 이르러
그대 마음
예쁜 꽃이 됩니다

지상地上에 아픔이 있기에
천상天上의 사랑을 가지셨는지

오늘 내 가슴에도
한 송이
예쁜 꽃이 피었습니다

가을 들꽃 같은 그대
참 향기롭습니다.

37 우담바라 : 일전에 우담바라가 피었다고 이런저런 말들이 많았습니다만, 풀잠
    자리 꽃도 우담바라고 또 들에 이름 없는 풀꽃까지도 우담바라 아닌 것이 없
    습니다. 그러나 남을 위해 건네는 따스한 손끝에 이르러 피는 꽃, 관세음보살
    님 같은, 그대 손끝에 이르러 피어나는 예쁜 꽃이 진정 우담바라입니다.

종교란 무엇인가?

여러 가지 의견이 있을 수 있겠지만 종교에 대한 정의를 다음과 같이 내리고자 합니다.

"종교란 '나는 누구인가?'에 대해 질문하고 그에 대한 답을 찾는 행위이다. 또한 모든 사람들이 그 답을 찾을 수 있도록 길을 제시하고, 도와주고 배우며, 전해 주는 일련의 가르침과 그 행위를 일러 종교라고 한다. 존재의 본질을 아는 것이 곧 깨달음이며, 나의 존재를 아는 것이 인간의 모든 문제의 열쇠가 되기 때문이다."

종교는 내 것과 네 것이 없다

그러므로 종교란 어떤 특정 종교 집단의 소유물이 될 수 없습니다. 또한 내 종교, 네 종교가 있을 수 없습니다. '나'라는 존재와 그 삶과 죽음에 대한 질문에 그 깨달음을 가르친 모든 인류의 큰 스승들과 그들의 가르침은 모두 종교의 자격이 있습니다. 그 스승들의 가르침은 모든 인류의 공동의 종교가 될 수 있고 또 되어야 합니다. 예컨대 기독교에서는 "성령이 우주에 가득하다"고 하고, 불교에서는 "마른 똥 막대기에도 불성이 있다"고 합니다. 그렇다면 기독교인들이 있는 교회에는 성령이 가득해 있고, 불교인들이 있는 사찰에는 불성이 가득해 있다는 말일까요? 그것은 이름을 '성령'이라 하고 '불성'이라 했을 뿐 다른 것이 아닙니다. 나라에 따라 '물'이라 하고, '수水'라 하고, '워터water'라고도 하지만 그 단어들이 지칭하는 것은 똑같은 물의 의미일 뿐인 것과 같습니다.

그와 같이 나눌 수 없는 것을 나누면 안 됩니다. 우리는 예수가 옳다면 예수의 그 옳음을 믿어야 하며, 부처가 옳다면 부처의 그 옳음을 배워야 하고, 공자가 옳다면 공자의 그 옳음을 실천해야 합니다. 왜냐하면 배우고 익혀서 내 것으로 삼아야 행복할 수 있기 때문입니다. 만일 영어가 필요해서 영어를 배우고자 한다면 우리는 피부가 검은 사람에게도, 피부가 흰 사람에게도 영어를 배울 수 있습니다. 중요한 것은 영어이지 피부색이 아니기 때문입니다.

조사 어록에 "달을 가리켰으면 달을 봐야지 왜 손가락을 보느냐" 하는 말씀이 있습니다. 달을 가리켰으면 그 달을 가리킨 사람이 누구이든, 즉 예수이든 부처이든 그것은 중요한 것이 아닙니다. 달을 보고 "아! 달이다!" 하면 되는 것입니다. "예수가 가리킨 달만이 옳다" 혹은 "부처가 가리킨 달만이 옳다"고 한다면 그것은 달을 보는 것이 아니라 손가락을 보는 것과 다르지 않습니다.

우리는 성인들이 가르친 진리를 보고, 배우고, 이해하고, 실천하면 됩니다. 종교가 전도되어 목적을 잃는다면 종교 또한 불필요한 것이 되고 말 것입니다. 저는 예수에게도 배우고 스승으로 삼았고, 부처에게도 배우고 스승으로 삼았습니다. 배움이 중요할 뿐 누구냐는 중요하지 않습니다.

못하는 영어 한마디 해 보겠습니다. '언더스탠드understand' 이것은 '이해하다'라는 단어입니다만 실은 '아래에 서다'라는 뜻을 갖고 있습니다. 겸손한 마음으로 자기를 낮추고 상대방을 바라보아야 제대로 이해할 수 있다는 것입니다. 우리는 쉽게 "그래, 이해하고 있어! 잘 알겠어!"라고 말하지만 내 눈높이가 상대방보다 높으면 진정으로 이해할 수 없습니다. 나를 낮추고 내가 더 부족하다고 생각해야만 그것이 가능합니다. 겸손한 마음으로 진지하게 받아들이고 상대방의 삶을 소중하게 여겨야 합니다. 그러면 마음이 열리고 상대방을 진정으로 이해하게 됩니다. 내 눈높이가 상대보다 높으면 이성으로는 이해되지만 가슴으로는 이해할 수 없습니다. 교만과 자존심이 있기 때문입니다. 이해의 기본은 겸손과 사랑입니다. 그렇다고 해서 뭉뚱그려서 비판 없이 모든 것을 다 받아들일 수는 없는 일입니다.

기독교는 물음이 없는 종교이다

먼저 기독교는 이 첫번째 질문, 즉 "나는 누구인가?"에 대한 질문에 명확하게 "나의 존재는 하나님의 피조물이다"라고 분명하게 답하고 있습니다.

"태초에 하나님이 천지를 창조하시니라." (『창세기』 1:1)

따라서 '나'의 존재에 대해서 이미 명확히 설정해 놓았으므로 내 존재에 대해서 물을 필요도 없고, 또 답을 찾을 필요도 없습니다. 이미 답이 주어져 있으므로 그 답을 다만 믿기만 하면 됩니다. 그러므로 기독교는 의문을 가질 필요도 없고, 고민할 필요도 없고, 답을 찾을 필요도 없이, 다만 그렇게 주어진 답에 대해서 인정하고 조건 없이 믿기만 하면 되는 종교입니다.

> "주 예수를 믿으라. 그리하면 너와 네 집이 구원을 얻으리라." (『사도행전』 16장 25~34절)

때문에 기독교는 의심하는 것 자체가 불경이며 죄가 되고, 반면에 믿는 마음과 믿음을 증장하는 행위만이 절대적 가치이며, 신도의 제일 조건입니다. 이것이 기독교 교리의 기본 골격이라고 할 수 있습니다. 그러므로 기독교에서는 '왜?'라는 의문과 그에 따르는 질문은 제기할 필요가 없습니다. 그 질문 자체가 이미 믿음의 부재에서 기인한다고 보기 때문입니다. 그래서 기독교는 생각하고, 스스로 찾아가는 종교가 아니라 일방적으로 해답이 주어진 종교입니다. 우리에게 주어진 것은 그것을 믿을 것이냐, 믿지 않을 것이냐의 선택이 있을 뿐입니다.

종교와 믿음

믿음이란 무엇인가?

기독교에서는 성경에 쓰여 있는 그대로 아무 조건 없이 무조건 믿기만 하면 된다고 하는데 그렇다면 도대체 믿음이라고 하는 것은 무엇입니까? 이 믿음에 대한 이해가 중요하지 않을 수 없습니다. 믿음이란 먼저 무엇에 대해서 믿느냐 하는 그 대상이나 내용이 있어야 합니다. 그러므로 엄밀하게 말하자면 믿음 그 자체가 중요한 것이 아니라 믿음의 대상이나 내용이 어떠하냐에 따라 믿음의 가치가 결정된다고 할 수 있습니다.

예컨대 어떤 사람이 단순히 돌을 가지고 금이라고 믿는다고 해서 그 돌이 금이 되지는 않습니다. 만일 돌을 금으로 믿는다면 그 믿음은 당연히 허황된 믿음이 아닐 수 없으며, 금이라는 믿음만으로 금이 되지는 않기 때문에 실상 금은방에 가져가서 팔려고 한다면 당연히 그 가치를 인정받지 못하게 될 것입니다. 즉 그 내용의 진실성에 따라서 그 믿음의 가치가 결정되는 것이지 단순히 믿음만으로 그 내용이 결정되지는 않습니다.

그렇다면 기독교에서 말하는 믿음에 대해 그 믿음을 담보할 수 있는 그 대상과 그 내용은 무엇인가? 그것은 이미 앞에서 말씀 드렸듯이 '나'라는 존재의 문제를 어떻게 보고, 어떠한 답을 제시했는가? 하는 기독교의 교리적 근거라고 할 수 있을 것입니다.

기독교의 교리적 근거를 요약하면 다음과 같습니다. 하나님이 인간을 창조하시고, 한 가지 명령을 내리는데 그것은 선악과를 따 먹지 말라는 것입니다. 그러나 하나님이 따 먹지 말라고 하신 선악과를 여인이 먼저 따서 남자와 함께 먹게 됩니다. 하나님이 따 먹지 말라고 하신 선악과를 따 먹었으므로 하나님께 큰 죄를 짓게 되었다는 것입니다. 그 죄가 얼마나 큰지 지옥에 떨어져 영원히 고통 속에 살아야 한다는 것입니다.

그러나 하나님은 인간들을 불쌍하게 여기셔서 당신의 아들을 육신으로 세상에 보내시고 십자가에 못 박혀 대신 죽게 함으로써 그 예수의 보혈을 믿으면 죄사함을 받고 천당에 갈 수 있고, 영원히 살 수 있지만 그러나 예수의 그 죄사함의 보혈을 믿지 않으면 지옥에 떨어져 영원한 고통을 받게 된다는 내용입니다.

믿음이 가치를 지니기 위해서는 먼저 그 믿음의 대상과 내용의 가치가 보장되어야 한다고 했습니다. 그렇다면 기독교의 믿음의 가치는 누가 보장하고 누가 검증했는가?라는 의문이 생깁니다. 앞에서 금의 예를 들어서 말씀드렸습니다만 이 검증되지 않은 상태에서 돌을 금으로 믿었다면 그 다음의 결과 또한 그 믿음만큼 허망하지 않을 수 없을 것입니다.

우리는 현실적으로 분명하게 설명할 수 있고, 또 증명할 수 있는 것인데도 불구하고 그러한 노력 없이 추상적인 그 무엇의 힘에 의지하고 맹신에 빠지는 경향이 있습니다. 그것은 인식의 한계에 달하여 설명할 수 없는 부분에 대해서는 추상적인 그 무엇에 미루어 의지하고자 하는 경향 때문입니다. 여기에 대해서 부처님은 맹목적이고 비현실적인 세계에 관계된 것을 거부하고 있습니다. '독 묻은 화살의 비유'를 말한 경전에도 나오듯이, 부처님은 현재 수행을 통해 증득할 수 있는 것에 대해 중요시했습니다. 사후세계에 대해서도 말하려고 하지 않았습니다.

소부경전 중 『여시어경如是語經』102에서는 다음과 같이 말씀하고 있습니다.

"비구들이여! 나는 아는 것, 보는 것에 대해서와 번뇌의 소멸에 대해서 말한다. 알려지지 않은 것, 보이지 않는 것에 대해서는 말하지 않는다."

"눈 있는 자는 와서 보고, 귀 있는 자는 와서 들으라. 보고 듣고 옳다고 생각이 되면 그때 믿어도 늦지 않으리라."

바른 믿음의 조건

바른 믿음은 그러므로 바른 대상과 바른 내용이 담보되어야 하고 그 담보된 바른 대상과 내용이 또한 바른 것인지 검증할 수 있어야 합니다. 이 바름이 검증되었다면 그 믿음은 그 대상과 내용의 가치만큼 인정됩니다. 그렇다면 무엇을 어떻게 검증해야 할까요?

첫째, 신앙의 대상에 대한 검증佛

둘째, 신앙의 교리에 대한 검증法

셋째, 신앙의 대상과 교리를 실천하고 전하는 사람에 대한 검증僧

이 세 가지 종류의 검증이 모두 충족되어야 할 것입니다. 그런데 이 세 가지를 검증한다는 것은 매우 어려운 일임에 틀림이 없습니다. 그럼에도 불구하고 종교가 종교로서의 역할을 하기 위해서는 분명한 근거를 제시하고 그에 합당한 논리를 통해서 이해시키고, 그러한 바탕 위에서 믿음을 강조해야 합니다.

그럼에도 기독교에서는 이러한 부분을 명쾌하게 설명하지 못하고 있습니다. 오히려 그러한 부분을 설명하지 못하는 모순을 감추기 위한 방법으로써 일정 부분 더욱 믿음만을 강조한다는 느낌을 지울 수 없습니다. 그 말을 달리하자면 믿음의 강조를 통해서 명쾌하게 설명하지 못하는 교리의 모순을 애매모호한 채로 회피해 감으로써 오히려 교리적 모순을 극복하지 못한 한계가 있음을 알 수 있습니다.

이해를 전제로 한 믿음이어야 한다

예컨대 나의 아버지에게 "아버지는 저의 아버지가 분명하죠?"라고 묻는다면 아버지가 뭐라고 하실까요? "저는 아버지가 저의 아버지임을 굳게 믿습니다! 믿습니다!"라고 한다면 아마 아버지가 "이놈이 미쳤나?" 하고 뺨을 때릴지도 모릅니다. 흔히 "주여 믿습니다!"라고 외치는 사람들의 마음이란 "주여! 저는 당신이 저의 아버지가 되심을 믿고 싶습니다!" 혹은 "주여 저의 삶이 괴롭습니다. 저를 이 고통에서 구원해 주소서!"라는 말의 다름 아닐 것입니다.

나의 아버지가 나의 아버지인 줄로 먼저 확실히 믿고 또 이해가 되었다면 그리고 그러한 믿음에 따라 현재의 삶이 항상 행복하다면 굳이 되풀이해서 하나님은 자신의 아버지이고, 구세주라는 사실을 굳이 되뇌일 필요가 없을 것이기 때문입니다. 단순히 믿음만을 강조해서는 결코 확실한 믿음에 도달할 수 없음을 보여주는 좋은 예인 것입니다.

그러므로 불교도 기독교와 같이 '믿음'을 제일의 덕목으로 삼지만 그것만으로는 믿음이 충족되지 않기 때문에 불교에서는 반드시 이해의 단계를 두는 것입니다. 이해가 되어야 비로소 그 대상과 그 내용 모두를 다 믿게 되기 때문입니다. 즉 믿음은 이해입니다. 이해의 양만큼만 믿어질 수 있습니다. 이러한 상관관계를 무시하고 이해가 전제되지 아니한 상태로 오직 믿음만을 강조하는 것은 결국 맹신盲信이요, 미신迷信이 될 뿐입니다. 매우 어리석고, 무모한 요구가 아닐 수 없습니다.

이러한 것이 왜 기독교에서는 일방적으로 강조되고 있는가? 이러한 의문에 대한 답은 매우 간단합니다. 제가 이미 앞에서 서술한 신앙의 대상과 신앙의 내용에 대한 검증을 명확히 제시할 수 없기 때문입니다. 그렇기 때문에 믿음이 저절로 일어나게 하는 이해의 단계를 설정하지 못하고 무조건적인 믿음만을 강조하게 되는 모순에 빠지게 되는 것입니다.

예수님 탄생 설화의 예를 들어보겠습니다.

> 마리아가 천사에게 말하되, "나는 사내를 알지 못하니 어찌 이 일이 있으리이까?", 천사가 대답하여 가로되 "성령이 네게 임하시고 지극히 높으신 이의 능력이 너를 덮으시리니 이러므로 나실 바 거룩한 자는 하나님의 아들이라 일컬으라."(「누가복음」 1:34~35)

이 성경 구절은 예수의 탄생에 대한 기록인데 앞에서 인용한 창조 설화와 같이 상식적인 이해를 단절하는 내용이 아닐 수 없습니다.

부처님께서는 그것이 어떤 것이든 경험에 의해 확보되지 않으면 믿을 수 없다는 입장을 취하면서 인간의 운명을 좌우하는 그 어떤 초월적인 존재의 힘을 믿고 그 힘을 숭배하거나 복종하라고 가르치지 않았습니다. 불교는 맹목적으로 매달리는 신앙의 종교가 아니라 납득되었기 때문에 믿는 신해信解의 종교이며 확신하기 때문에 행동에 옮기는 신행信行의 종교입니다. 부처님께서는 "와서 믿으라"고 하지 않고 "누구라도 와서 이 법을 보라!"고 말합니다.

이해가 전제되지 아니한 믿음은 그러므로 맹목적인 믿음(맹신)이 되고, 미혹된 믿음(미신)이 될 뿐입니다. 강요된 믿음은 폭력이 될 수 있고, 기만이 될 수도 있습니다. 이와 같이 이해가 전제되지 아니한 상태로 맹신과 미신이 되고 나면 종교는 본래의 선한 목적에서 벗어나 오히려 믿음 속에 내포된 특정한 고정관념(법집法執)이 그 사람의 유연한 사유를 옭아매어 구속시키는 역기능으로 작용하게 됩니다.

믿음이란 이해를 통해서 깊어져야 합니다. 조건 없이 믿으면 된다는 말은 예수라는 한 인간에게만 진실일 수 있습니다. 다시 말하자면 '나'의 존재에 확실한 깨달음에 도달한 사람이 그 깨달음을 전제로 해서 믿음을 권고한다면 그것은 참으로 믿을 수 있을 것입니다. 왜냐하면 잘못된 부분이 있다면 옆에서 항상 지적해 줄 수 있기 때문입니다.

그러나 깨닫지 못한 사람이 깨달은 사람의 말을 빌려서 믿음을 전할 때는 이미 그 실효 또한 믿을 것이 못됩니다. 만일 그러한 믿음이 상실되지 않기 위해서는 깨달음을 성취한 사람이거나 그러한 믿음을 담보할 수 있는 체계적인 이론, 즉 정법正法이 있어야 할 것입니다.

신해행증信解行證

불교에서는 이러한 문제를 단순히 믿음의 강조만으로는 해결될 것으로 보지 않았습니다. 그래서 믿음(信), 이해(解), 수행(行), 증득(證)을 차례로 설정하고 있습니다. 또한 불교에서는 신앙의 대상이 신神이라는 절대자로 설정되어 있지도 않습니다.

부처님께서는 입멸 직전에 제자들에게 '자등명自燈明 법등명法燈明'을 강조하셨습니다. 즉 "스스로를 등불로 삼고, 법을 등불로 삼으라"는 말씀입니다. "가르침의 내용을 믿고(信), 가르침의 내용을 이해(解)하고, 그 가르침의 내용을 수행(行)하여, 가르침의 내용과 부합하는 목적을 스스로 성취(證)하라"고 하신 것입니다.

이것은 위에서 말씀드린 신앙의 대상에 대한 검증, 신앙의 교리에 대한 검증, 그리고 신앙의 대상과 교리를 전하는 사람에 대한 검증까지 그 모든 것들에 있어서 "맹목적이지도 말고, 미혹되지도 말며, 당신의 연기법緣起法을 기준 삼아 스스로 사유하고, 스스로 검증하고, 스스로 성취하라"고 하셨습니다. 불교 수행은 스스로 탐구하고, 성취해가는 것이 핵심이라고 할 수 있는데, 그러한 수행의 대표적인 방법이 바로 참선 수행입니다. 참선이란 스스로 끊임없이 묻고, 마음을 살피는 행위를 종宗으로 삼습니다. 어찌 맹신과 미신이 성립할 수 있겠습니까?

기독교와 정토종

모든 수행은 탐구와 헌신의 두 가지 방법으로 이루어져 있습니다. 첫째, 탐구의 방법이란 참선과 같이 '이뭣고?', '나는 누구인가?' 등의 화두수행이나 위빠사나 수행법과 같이 우리 마음의 작용에 대한 세밀한 관찰을 통해 자신의 존재에 접근해 가는 방법을 말합니다.

둘째, 헌신의 방법이란 절대적 대상에 대한 헌신과 믿음을 통해 자신의 존재에 접근해 가는 방법으로써 예불·불공·백팔배 등의 수행법을 말합니다. 둘 다 목적하는 바는 곧 무명의 본질인 '아상我相'의 소멸에 있습니다. 아상의 소멸이 곧 '내 존재'에 대한 깊은 이해이며, '나'의 존재로부터 발생하는 고통의 원인을 소멸해 가는 길이기 때문입니다.

　이러한 두 가지 대표적 수행법 가운데 탐구의 방법을 통한 수행을 대표하는 것이 불교라면 헌신의 방법을 통한 수행을 대표하는 것이 기독교입니다. 그 중 기독교의 헌신의 방법이란 하나님과 예수님에 대한 절대적 헌신, 즉 자신의 생각을 버리고 오직 신의 뜻을 따르는 삶과, 하나님과 예수님께 모든 것을 내 맡김(믿음)을 통한 나 없음(거듭남)에 도달하는 방법의 길을 말합니다. 그 근거는 다음의 성경 내용입니다.

　　"하나님은 거룩하신 분이기 때문에 죄를 지은 인간은 하나님께 나아갈 수 없습니다. 인간이 하나님께 나아가려면 반드시 짐승의 피를 흘려 죄를 속죄해야 합니다. 피 흘림이 없은즉 사함이 없습니다." (「히브리서」 9:22)

　　"하나님은 예수님을 하나님의 어린 양으로 보내셔서 인류의 죄를 속죄하는 희생 제물이 되게 하셨습니다." (「요한복음」 1:29)

　예수님의 속죄의 피를 믿으면 구원을 받는다는 내용입니다. "믿음천국 불신지옥"의 교리적 근거입니다. 그러나 그러한 수행

법이 오직 기독교의 수행법만 존재하는 것은 아닙니다. 불교에도
헌신과 믿음으로 성불해가는 종파가 있으니 바로 정토종이 그것
입니다. 역사적으로는 대승불교와 함께 발생되었고 소의경전으
로는 '정토삼부경' 즉 『무량수경』 『관무량수경』 『아미타경』이 있
습니다. 경전의 내용을 살펴보면 오히려 기독교의 성경에는 없는
극락(천국)에 대한 자세한 내용을 장엄하게 서술하여 서방정토 극
락세계가 얼마나 아름답고 행복한 곳인지 그리고 그곳으로 갈 수
있는 쉬운 방법을 제시했습니다. 간략히 경전의 내용을 살펴보겠
습니다.

"아주 먼 옛날 세자재왕여래가 계실 때 그 나라의 국왕이 부처님
의 설법을 듣고 크게 감동하여 자신도 부처 되기를 발원하고 끝내
왕위를 버리고 출가하여 법장이라는 비구가 되었느니라."

"법장 비구는 48대원의 서원을 세우고, 수행하여 이미 10겁 전에
서방정토 극락세계를 이뤘느니라."

그렇습니다. 법장 비구가 48대원을 세우고 48대원을 성취하
여 세운 나라가 곧 서방정토 극락세계입니다. 법장 비구가 세운
48대원이 곧 서방정토 극락세계의 설계도가 되었으며, 오랫동안

수행하여 마침내 48대원의 서원을 성취해 이룩한 곳이 곧 10만 억국토로 이루어진 극락세계입니다. 48대원의 서원 중 한 가지는 '십념왕생원十念往生願'이라 하는데 내용은 다음과 같습니다.

"제가 48대원의 서원을 성취하여 마침내 극락세계를 이룩하면 '아미타불'이라는 이름으로 부를 것인데 만일 시방의 어떤 중생이든 나의 불국토를 믿고 좋아하여 와서 태어나려는 이는 '아미타불'이라는 저의 명호를 열 번만 부르면 누구를 막론하고 반드시 극락세계에 태어나게 하겠습니다. 만일 그러한 서원을 이루지 못한다면 저는 차라리 부처가 되지 않겠습니다."

서방정토 극락세계는 고통도 번뇌도 없으며, 오로지 끝없는 기쁨 속에 살 수 있는 곳이라 합니다. 그리고 '아미타'란 '영원한 구원'이란 뜻이 있습니다. 기독교에서는 예수께서 대신 죽은 속죄의 피로 구원을 받는다면 정토종에서의 구원은 법장 비구가 서원을 세우고 말로 할 수 없이 많은 시간 동안 수행을 통해 이룩한 그 서원의 본원력(本願力, 48대원)의 힘으로 가능하다는 것입니다. 그 교리적 원리로 보면 큰 차이가 없다는 것을 알 수 있습니다.

오히려 기독교보다 더 쉽게 다가오는 것은 '믿음'이라는 매우 추상적인 조건을 제시하지 않았다는 것입니다. 어디까지가 믿는 것이고, 어디까지가 믿지 않는 것인지 애매한 것이 믿음입니다. 그러나 정토수행에서는 그렇지 않습니다. 오직 한 가지 조건, 즉 "아미타불을 열 번만 부르면 반드시 극락에 태어나게 한다"는 것입니다. 어느 것이 더 쉽겠습니까? 그러나 불교의 연기법에는 공짜가 없습니다. 살면서 혹은 죽기 전에 '아미타불'을 열 번만 부르면 극락에 태어나는 것은 확실하지만 믿음과 수행의 정도에 따라 상품·중품·하품 등의 수행점차가 있어서 각각의 품마다 삼품씩 구품연대로 나누어져 있고, '아미타불'을 부른 수행점차에 맞게 극락의 구품연대에 태어난다는 것입니다.

『정토삼부경』의 이러한 말씀이 진실한 것은 불교에서 설명하는 공(空, 무아無我)을 이해하지 못하고, 혹 공空을 잘못 이해해서 허무하게 생각하거나, 혹은 무無와 같이 '없다'는 개념으로 이해를 해서 목표가 분명하게 설정되지 않는 사람들을 위해서 또는 탐구의 방법보다 헌신의 방법이 근기에 더 잘 맞는 사람들을 위해서 무엇인가 뜬구름 잡듯이 생각되는 그러한 부분들을 오히려 이해하기 쉬운 유有의 개념으로 환원해서 아미타불이라는 절대적 대상과 무한행복의 극락세계(니르바나)를 제시함으로써 방법과 목표를 분명히 할 수 있게 한 것입니다.

그러한 방편을 전제할 때는 당연히 신앙의 대상과 그에 따르는 믿음이 무엇보다 중요할 것입니다. 이러한 헌신과 믿음의 방법을 쓰게 되면 혹 심오한 이치를 이해하지 못했더라도 탐구의 방법으로 수행하는 참선 수행자와 똑같은 효과를 얻을 수 있게 됩니다. 이렇게 유有의 입장에서 무엇인가 신앙의 대상(아미타불, 극락세계)을 제시하고, 그것으로 수행을 삼는 정토종의 수행법은 헌신을 바탕으로 한 종교인 기독교와 교리적으로 전혀 차이가 없음을 알 수 있습니다.

부처님과 예수님

　　어떤 종교든 그 종교를 성립시킨 교주의 생애는 종교의 탄생과 함께 그 종교의 가장 큰 영향을 준 존재이므로 종교가 탄생하고 발전하는 데 있어서 지속적인 영향을 미치는 가장 큰 요인이 됩니다. 이 자리에서는 예수님과 부처님의 탄생과 입멸까지의 생애의 차이를 통해서 두 종교의 차이와 특징을 비교해 보도록 하겠습니다.

사회적 신분의 차이

부처님은 '카필라'라는 조그만 소국의 왕자로 태어났고 예수님은 목수의 아들로 태어났다는 것은 누구나 잘 알고 있는 내용입니다. 그런데 이 두 분의 출생시 사회적 신분이 불교와 기독교의 탄생과 그 이후의 역사에 절대적 영향을 미치게 되었음을 알수 있습니다.

먼저 예수님의 아버지는 목수였습니다. 성경에서 주장하듯이 하나님의 아들인지는 모르겠으나 어쨌든 그의 부모는 평범한 목수였고 사회적으로 목수의 아들로 자랐습니다. 이러한 예수님의 사회적 신분과 성장 배경은 후에 예수님이 전도를 하기 시작하면서 어려움으로 나타나기 시작합니다.

"이 사람이 마리아의 아들 목수가 아니냐? 야고보와 요셉과 유다와 시몬의 형제가 아니냐? 그 누이들이 우리와 함께 여기 있지 아니하냐?" 하고 예수를 배척(무시)한지라 예수께서 저희에게 이르시되 "선지자가 자기 고향과 자기 친척과 자기 집 외에서는 존경을 받지 않음이 없느니라" 하시며. (「마가복음」 6장 3~4절)

위의 성경 내용은 완곡한 표현을 썼습니다만 그 내용을 다시 설명하면, 예수님이 어린 시절을 살았던 고향 마을에 돌아와서 고향 사람들에게 전도를 할 때입니다. 마을 사람들이 메시아가 나타났다는 소문을 듣고 뛰어 나가보니 옛날에 옆집에 못 살고 가난하고 배우지 못한 목수집 아들이 나타나서는 자기가 '메시아'라고 한다는 것입니다. 그 광경을 보고 사람들이 "메시아는 무슨 메시아! 어디 살던 누구 아들 아니야!" 하면서 무시를 한다는 그런 이야기입니다.

그런데 이러한 사회적 신분으로 인한 차별이 단순한 문제가 아니라 예수님 사후에 기독교가 발전하는 데 있어서 큰 장애로 나타나게 됨을 알 수 있습니다. 예수님의 신분이 목수의 아들이었기 때문에, 즉 그 시대에 존경받거나 인정받는 위치에 있지 않았기 때문에 예수님의 열두 제자를 비롯해서 예수님의 주변에는 늘 신분이 낮고 배우지 못한 사람들이 예수님을 따랐을 뿐 그 당시의 지식인이나 사회 지도층의 사람들로부터는 존경받지도 못했고, 그들이 예수님을 믿지도 따르지도 않았습니다.

이러한 상황은 예수님 사후에 예수의 법을 정리하고 이어갈 법통의 부재를 낳았고, 예수의 법이 체계적으로 완성되지 못하게 되는 한 원인이 되었다고 볼 수 있습니다. 만일 예수님이 그 시대에 어느 힘 있는 신분의 자제로서 좋은 환경과 좋은 사회적 여건 속에서 태어나 성장할 수 있었다면 상황은 매우 다르게 전개되었을 것입니다. 물론 십자가에 못 박혀 돌아가시는 일도 없었을 것입니다.

반면에 부처님은 카필라국의 왕자로 태어났으며 왕자의 교육을 받았고, 출가하고 나서 깨달음을 성취하신 후에는 그 당시의 큰 나라의 왕들로부터 귀의함을 받고, 당시의 대 석학들과 장자들이 부처님의 제자로 출가하였고, 또는 재가불자로 귀의하였습니다. 그렇게 그 사회의 엘리트들이 귀의하게 된 데에는 부처님의 신분이 큰 요인으로 작용했다고 볼 수 있습니다.

만일 부처님이 인도의 사성계급(바라문-사제, 크샤트리아-무사, 바이샤-농민·상인, 수드라-노예) 중에 천민계급인 바이샤나 수드라로 태어났다고 한다면 결코 그분에게 국왕과 당대의 대 석학들과 돈 많은 장자들이 아무리 깨달음을 성취하신 분이라 하더라도 진심으로 귀의하지는 않았을 것입니다.

공생애共生涯 차이

예수님은 우리가 생각하듯이 지긋하게 나이가 든 그런 사람이 아닙니다. 예수가 공생애(공적인 삶의 시기, 법을 전파한 기간)를 살기 시작한 시기는 30세 때이고 예수가 십자가에 못 박혀 돌아가신 때는 불과 삼 년 후인 서른세 살 때였습니다. 그러니까 요즘 어른들의 눈으로 보자면 어쩌면 어린아이쯤으로 볼 수 있는 나이입니다.

법을 전한 시간 또한 3년을 넘지 못했습니다. 3년이라는 시간은 무엇인가를 이루기에는 너무나 짧은 시간이 아닐 수 없습니다. 이 말은 예수님이 자신의 법을 체계적으로 제자들과 신도들에게 가르칠 수 있는 충분한 시간이 없었다는 말입니다. 예수의 전기는 사복음서(마태, 마가, 누가, 요한)가 전부인데 그 복음서라고 하는 것이 예수님의 행적을 기록한 것일 뿐 예수님의 말씀을 목적으로 이루어진 완성된 경전이 아니라는 것입니다.

부처님께서는 29세에 출가했고 6년 후인 35세에 깨달음을 성취했으며, 80세에 열반에 드셨습니다. 그리고 쉼 없이 법을 설하셨습니다. 그 시간이 무려 45년입니다. 우리가 흔히 팔만사천 법문이라고 합니다. 그만한 건강과 시간이 없었다면 불가능한 분량이 아닐 수 없습니다. 때문에 기독교의 성경은 교리적 미숙함이 나타나는 반면 불교의 경전은 매우 다양한 근기에 맞는 다양한 설법이 일목요연하게 잘 정리되어 있습니다.

대기설법對機說法

예수님의 3년간의 공생애는 법을 펼치기에는 매우 부족한 시간이었을 것입니다. 뿐만 아니라 3년의 시간이 효과적이지 못했던 이유가 있습니다. 앞에서도 이미 언급한 부분입니다만 예수님의 제자는 열두 명이었고 그 제자들이 모두 학력이 높은 사람들은 아니었습니다. 예수님께서 설교를 하실 때 그 상대가 누구냐에 따라 그 내용과 그 깊이가 결정될 수밖에 없습니다. 부처님께서는 법을 설하실 때도 듣는 사람들의 근기에 맞게, 그 수준에 따라 법을 설하셨습니다. 부처님의 설법을 근기에 맞게 설한다 해서 대기설법對機說法이라 합니다. 예수님 또한 듣는 사람의 근기에 따라 설교를 하지 않을 수 없었을 것입니다. 그런데 성경을 보면 제자들이나 신도들의 근기가 높지 않았음을 여러 곳에서 발견할 수 있습니다.

예수께서 대답하여 가라사대 "진실로 진실로 네게 이르노니 사람이 거듭나지 아니하면 하나님의 나라를 볼 수 없느니라", '니고데모'가 가로되 "사람이 늙으면 어떻게 날 수 있습니까? 두 번째 모태에 들어갔다가 날 수 있습니까?", 예수께서 대답하시되 "진실로 진실로 네게 이르노니, 사람이 물과 성령으로 나지 아니하면 하나님 나

라에 들어갈 수 없느니라." (「요한복음」 3장 3~5절)

　위의 성경 말씀은 '니고데모'라는 사람이 예수님의 설교를 듣고 질문을 한 내용인데, 지금 여러분이 보더라도 좀 깊이가 부족한 질문임을 알 수 있습니다. 예수님께서 바보가 아닌 이상 알아듣지도 못하는 청중들에게 깊이 있는 설교를 하지는 못했을 것입니다. 그래서 사복음서(마태, 마가, 누가, 요한)를 보면 매우 쉽고 훌륭한 설교가 많지만 그러나 한 발 더 들어가야 할 깊이 있는 내용이 부족함을 볼 수 있습니다. 그것은 예수님이 몰라서라기보다는 그러한 말을 듣고 이해할 사람이 많지 않았기 때문일 것입니다.

학문의 문제

　부처님께 귀의한 수행자들은 그 당대의 대 사상가들이었고, 수재들이었습니다. 그것은 부처님의 깨달음뿐만 아니라 부처님의 사회적 신분에 기인하는 면이 있다고 했습니다. 그러나 그러한 요인뿐만이 아니라 순수한 학문의 문제에도 기인합니다.

　예수님의 학문의 깊이에 대한 정확한 기록이 없습니다. 다만 목수의 아들이었다는 신분과 가정환경을 감안할 때 어렸을 때부터 체계적인 공부를 하지는 못했을 것입니다. 그러므로 그 시대와 그 사회의 주류 지식인들에게 전도를 하고 설교를 할 때 그러한 부분에 있어서 상당한 괴리가 불가피할 수밖에 없었을 것입니다.

깨달음이라는 것은 참으로 큰 지혜일 수는 있지만 그렇다고 깨달음만으로 그 뜻을 잘 전할 수 있는 것은 아닙니다. 예컨대 어떤 선사가 깨달음을 성취했다고 해서 평소에 모르던 영어로 미국 사람들에게 법문을 할 수는 없습니다. 깨달음과 영어를 잘 하는 것은 다른 문제입니다. 부처님께서 깨달음을 성취하시고 그 깨달음을 많은 사람들에게 전할 수 있었던 것은 아마 여러 번 시행착오를 거치면서 가장 합리적인 방법을 찾았을 것입니다만 무엇보다 부처님께서는 왕자의 교육을 받은 사람이었다는 점입니다. 29세로 출가하기까지 특수한 신분이었던 만큼 교육 또한 체계적인 교육을 받고 자랐을 것이며, 그러한 교육의 성취를 통해서 학문만으로는 깨달음에 도달할 수 없다는 한계를 절감한 후에 결국 출가를 결심하게 되었다는 점을 이해할 필요가 있습니다.

지금도 29세라는 나이가 결코 적은 나이가 아님을 감안한다면, 그 당시 부처님의 학문의 깊이를 짐작할 수 있습니다. 그렇기 때문에 다양한 계층의 제자들이 출가를 하고, 수많은 사람들이 법을 물어도 그 사람들에게 적합한, 즉 팔만사천의 대기설법으로 당신의 심오한 법을 적절히 설명해 주실 수 있었을 것입니다.

제자들의 성취

순자荀子의 사상을 집록한 『순자』 「권학편勸學篇」에 나오는 말 중에 "청취지어람이청어람靑取之於藍而靑於藍 빙수위지이한어수氷水爲之而寒於水" 즉 "푸른색은 쪽에서 취했지만 쪽보다 더 푸르고, 얼음은 물이 이루었지만 물보다 더 차갑다"라는 말이 나오는데 여기서 바로 제자가 스승보다 뛰어나다는 뜻인 '청출어람靑出於藍'이라는 말이 나옵니다.

예수님의 제자는 12명이 전부였고 또 사회적으로나 학문적으로나 경제적인 면에 있어서 그 당시 사회의 주류를 이루지 못했을 뿐만 아니라 오히려 상당한 핍박을 받는 처지였습니다. 그러나 부처님의 제자들은 경전에 기록된 숫자만 1,250명이었으며 당대의 대 석학들, 수행자들, 그리고 경제적인 후원 세력이었던 왕족과 장자들이 주류를 이루고 있었습니다.

이러한 사실들은 이후 기독교와 불교가 발전해 가는 데 가장 중요한 초기 교단의 성립에 있어서 매우 큰 차이로 나타나게 되는 것입니다. 그러한 차이는 시간이 지나면서 더욱 큰 차이를 보이게 되고 오늘날까지도 기초의 실, 부실로 인한 문제는 전혀 개선되지 않는 근본적인 문제임을 알 수 있습니다.

부처님도 죽이고 하나님도 죽여라!

예수께서 너무 일찍 돌아가신 것은 기독교의 불행이며, 나아가 인류의 불행이 아닐 수 없습니다. 예수님이 좀 더 오래 살았더라면 전혀 없었을 교리적 문제들이 매우 불합리하게 남아있기 때문입니다. 기독교의 모든 문제는 결국 세 가지로 좁혀질 수 있다고 봅니다.

첫째는 「창세기」에서 말하는 원죄原罪에 대한 문제입니다.

여호와 하나님이 그 사람에게 명하여 이르시되, 동산 각종 나무의 열매는 네가 임의로 먹되 선악을 알게 하는 나무의 열매는 먹지 말라. 네가 먹는 날에는 정녕 죽으리라. (「창세기」 2:16)

아담에게 이르시되, 네가 네 아내의 말을 듣고 내가 네게 먹지 말라 한 나무의 열매를 먹었은즉 땅은 너로 말미암아 저주를 받고 너는 네 평생에 수고하여야 그 소산을 먹으리라. 땅이 네게 가시덤불과 엉겅퀴를 낼 것이라 네가 먹을 것은 밭의 채소인즉 네가 흙으로 돌아갈 때까지 얼굴에 땀을 흘려야 먹을 것을 먹으리니 네가 그것에서 취함을 입었음이라 너는 흙이니 흙으로 돌아갈 것이니라 하시니라. (「창세기」 3:17)

그러나 하나님께서는 길을 열어 주셔서 우리가 아직 죄인 되었을 때 하나님께서는 독생자 예수님을 이 땅에 보내셔서 그를 믿는 자마다 영생을 얻게 하시려고 독생자를 보내셨습니다. 이는 하나님께서 세상을 사랑하셨기 때문에 심판받아야 마땅한 죄인들을 구하기 위함입니다. (「요한복음」 3:15~17)

위의 「창세기」 내용에 따르면 인간은 하나님이 주신 그 행복한 낙원에서 영원히 살 수 있었으나 하나님께서 절대 따먹지 말라고 당부하신 그 '선악善惡을 알게 하는 나무의 열매'를 따먹는 불순종의 죄를 범하고 말았습니다. 그 불순종의 죄를 지었기 때문에 아담과 하와 그리고 그의 후손들까지 인간은 죄의 대가를 받아 고통 속에 살아야 하는 존재가 되고 말았다는 것입니다. 그러나 불순종의 원죄가 있는 인간들을 대신해 십자가에 못 박혀 돌아가신 예수님의 보혈의 피를 믿기만 하면 예외 없이 누구나 죄사함을 받고 다시 구원을 얻을 수 있다고 하는 내용입니다.

그렇다면 선善과 악惡 그리고 죄罪에 대한 질문을 하지 않을 수가 없습니다. 선과 악은 무엇이며, 죄는 무엇입니까? 이미 앞에서 인용한 내용입니다만 다음은 『화엄경』에서 말하는 죄와 참회의 본질을 잘 드러낸 게송이므로 인용합니다.

죄는 자성이 없어 마음 따라 일어난 것
마음 만약 없어지면 죄업 또한 사라지네
죄도 없고 죄라는 마음(생각)도 없어 두 가지 모두 공하여야
이것을 이름하여 진참회라 하는도다.

죄무자성종심기   罪無自性從心起
심약멸시죄역망   心若滅時罪亦亡
죄망심멸양구공   罪亡心滅兩俱空
시즉명위진참회   是則名爲眞懺悔

그렇습니다. "죄는 자성이 없어 마음 따라 일어난 것, 마음 만약 없어지면 죄업 또한 사라지네"라고 했습니다. 따라서 죄라는 언어 개념과 죄라는 생각(마음)의 그 두 가지가 함께 없어지면 참된 참회가 성취된다는 것입니다. 참된 참회의 성취는 곧 번뇌

의 소멸을 의미하며, 나아가 무아無我의 성취이고, 예수께서 강조하는 거듭남이요, 불교에서의 성불을 의미합니다. 만일 '죄'라는 언어 개념도 없고, '죄'라는 생각(마음)도 없다면 기독교에서 말하는 그 선과 악 그리고 그 원죄는 어디에 성립할 수 있을까요?

예컨대 동물들은 부모와 자식 사이에서도 사랑을 하고 새끼를 낳습니다. 그리고 다른 짐승들을 잡아먹지 않고서는 생명을 유지할 수 없습니다. 그 동물들에게 선과 악 그리고 죄를 말하고, 도덕을 말하고, 불순종을 말하는 것이 옳은 일일까요? 그들에겐 아무 문제도 없는 자연 그대로의 삶일 뿐입니다. 그렇습니다. 동물에겐 '나'라는 생각이 적고 따라서 '아상'이 적지만, 인간에겐 '나'라는 생각이 많고, 따라서 '아상'이 많습니다. 동물에겐 '죄'라는 생각이 없고 따라서 '죄'도 없지만, 인간에겐 '죄'라는 생각이 있고 따라서 '죄'가 있습니다.

「창세기」에서 말하는 "아담과 하와가 선善과 악惡을 알게 하는 지혜의 과일을 따먹고 하나님께 죄를 지었다"고 하는 그 원죄론原罪論은 인간의 진화의 선상에서 '나'라는 자의식의 발생과 동시에 언어 또한 발생될 수밖에 없는 개념들 즉 너와 나, 삶과 죽음, 시간과 공간, 선과 악, 죄와 벌 등등의 무수한 이분법 중 한 가지 개념일 뿐입니다. 언어의 발생은 인류에게 있어서 수성獸性에서 문화성文化性으로의 혁명적 진화이며, 나아가 인간이 동물이라는 굴레에서 벗어난 축복받아야 할 사건에 다름 아닌 것입니다.

한 가지 언어 개념으로써의 선善과 악惡이 왜 원죄가 되어야 하는 것일까요? 선악이나 죄라는 개념이 없는 동물로 다시 되돌아가면 오히려 하나님의 낙원을 되찾을 수 있다는 것일까요? 원죄론은 기독교 교리의 핵심이지만 인간은 누구나 세상에 태어나 보니 죄인이 되어 있어야 하는 불합리한 교리적 모순이며, 따라서 매우 억지스럽고 무리한 설정이 아닐 수 없습니다.

> 태초에 말씀이 계시니라. 이 말씀이 하나님과 함께 계셨으니 이 말씀은 곧 하나님이시니라. (「요한복음」 1:1)

> 말씀이 육신이 되어 우리 가운데 거하시매 우리가 그 영광을 보니 아버지의 독생자의 영광이요 은혜와 진리가 충만하더라. (「요한복음」 1:14)

처음 「창세기」를 포함한 구약과 이후 「요한복음」 등 신약을 저작한 사람들의 의도가 어찌되었든 결과적으로는 오히려 선과 악 그리고 원죄라는 굴레를 씌워 죄를 지은 인간과 벌을 주는 신으로 나누고, 나아가 흑과 백, 죄와 구원, 믿는 자와 믿지 않는 자,

지배자와 피지배자 등 사고의 틀을 이분법의 프레임(frame) 속에 가둠으로써 인간의 의식을 언어('나'라는 아상我相)로부터 해방(깨달음, 거듭남)시키는 것이 아니라 도리어 구속시켜 벗어날 수 없게 만든다는 사실입니다.

　따라서 하나님이 나의 창조주이며 예수님이 나의 구세주라는 믿음을 받아들이는 순간 그 즉시 신(神, 말씀 언어, 구약과 신약)과 인간의 계약 관계가 성립되고, 나아가 오히려 구원이 아닌 구속의 그 모순 속에 갇히게 되며, 종교적 권력이 작동하도록 만들어졌다는 것입니다.

　둘째는 우상偶像에 대한 이야기입니다.

　구약성경에는 "나 이외의 신을 섬기지 말라"(출 20)고 했습니다만 그러나 '나 이외의 신'이 무엇인지에 대해서는 이해가 부족합니다. '나 이외의 신'은 무엇이고, '우상'은 또 무엇입니까? '나 이외의 신'이 정녕 귀신일까요? 단군상이나, 부처상일까요? 본질로 돌아가 살펴보면 하나님보다 예수님보다 '나'를 앞세우고, 남들보다 '나만'을 먼저 위하는 것이 곧 '나 이외의 신'일 뿐입니다. 귀신이 우상이 아니라, 단군상이나 부처상이 우상이 아니라, 하나님보다 앞서는 '나'가 곧 우상인 것입니다. 만일 진실로 "주여! 믿습니다"를 외칠 때 진정 '나'를 비우고 그 자리에 '성부'와 '성자'와 '성령'으로만 오롯이 채울 수 있다면 예수님께서 강조하신 "성령이 도둑같이 임할 것"이며 "진리가 너희를 자유케 할 것"입니다. 죽어서 가는 천국이 아니라 지금 살아서 부활(거듭남)할 수 있을 것입니다.

셋째는 신약의 문제로서 부활復活에 대한 이야기입니다.

이미 앞에서도 부처님의 탄생 설화를 설명했습니다만 부처님께서 태어나신 후 사방으로 일곱 걸음을 걸으시고 "천상천하유아독존天上天下唯我獨尊이라 선포하셨다"고 했습니다. 그러나 여기서 말하는 태어남은 어머니에게서 태어남을 말하는 것이 아니라 무명의 중생이 부처님으로 다시 태어남을 의미합니다. 기독교적으로 해석하면 '거듭남'이요, '부활'인 것입니다. 기독교에서 말하는 '부활'이라는 개념 또한 본의는 부처님의 '탄생' 즉 '깨달음'과 다르지 않다고 봅니다. 예수께서는 늘 제자들에게 '거듭남'을 강조합니다.

그러나 예수의 갑작스런 죽음은 초기 기독교도들에게 말로할 수 없는 슬픔이요, 절망이었을 것입니다. 따라서 예수님을 추종하던 세력들의 슬픔과 허망함과 종교적 열망이 결합하면서 '거듭남'은 곧 구약의 「창세기」에서 선악과를 따먹고 낙원에서 쫓겨난 그 원죄에 따른 구원의 문제 즉,

> "하나님은 거룩하신 분이기 때문에 죄를 지은 인간은 하나님께 나아갈 수 없습니다. 인간이 하나님께 나아가려면 반드시 짐승의 피를 흘려 죄를 속죄해야 합니다. 피 흘림이 없은즉 사함이 없습니다." (「히브리서」 9:22)

라는 교리를 생각해내고 예수의 죽음이 곧 인류의 구원을 위한 하나님의 계획에 따른 희생의 제물로서의 죽음 즉,

> "하나님은 예수님을 하나님의 어린 양으로 보내셔서 인류의 죄를 속죄하는 희생제물이 되게 하셨습니다." (「요한복음」 1:29)

라는 논리로 비약되었을 것입니다.

예수께서는 '거듭남'을 강조했을 뿐 '부활'을 말하지 않았습니다. '부활'이라는 개념은 예수의 죽음 이후의 구약과의 정합적 논리 개념으로서 연역적으로 만들어진 것이 아닐 수 없습니다. 그러한 논리를 뒷받침하는 것은 이스라엘의 국교인 유대교는 기독교와 달리 구약만을 경전으로 삼고, 예수를 신격화하지 않으며, 예수 탄생 이후를 기록한 신약을 인정하지 않는다는 것입니다.

따라서 그 본질은 결국 죽은 예수의 육체가 다시 살아났다는 '부활'이나 예수재림의 '휴거'가 아니라 불교의 '깨달음'과 같은 개

넘으로서의 '탄생'이요, '거듭남'인 것이며, 또 그래야 진실로 예수의 말씀과 맞는 교리가 될 것입니다.

이상의 세 가지 '원죄'와 '우상'과 '부활'의 교리적 문제는 성경을 "일점일획이라도 보태거나 빼서는 안 된다"는 불문율과 기독교의 특징인 의심하는 것이 곧 불경不敬이며, 죄가 되는 맹목적 믿음이 결합하면서 법집法執의 문제가 발생합니다. 법집의 문제는 기독교만의 문제가 아니라 아집我執과 법집法執에 묶여있는 모든 인간의 일반적인 문제임은 재론의 여지가 없습니다.

그러나 그러한 집착을 불교에서는 무명의 소치로 보고 아집과 법집이 모두 망념임을 강조하는 데 반해 기독교에서는 오히려 '창조주와 피조물', '선과 악', '죄와 벌', '믿음천국 불신지옥' 등의 이분법 속에 인간의 의식을 가둠으로써 불가佛家에서 흔히 경계의 뜻으로 쓰는 "법집法執에 걸리면 약도 없다"고 하는 그 법집에 따른 병폐에 빠지게 되는 것입니다. 이것은 사람의 근기에 따라 다를 수도 있겠지만 그 중 근기가 낮은 사람들에게는 어쩌면 어린아이에게 브레이크 없는 자동차를 몰고 질주하게 하는 것과 다를 바 없는 위험한 일이 될 수도 있습니다.

예컨대 예수를 믿지 않는 사람들을 구원 받아야 할 불쌍한 죄인으로 확정지음으로써 방법을 불문하고 그들을 믿게 하는 것만이 모든 가치보다 앞서는 선한 행위로서 정당화 하며, 나아가 예수를 믿고 구원을 받았다고 하는 선민의식으로 인해 믿지 않는 사람들과 타 종교인들을 무시하고, 배척하며, 스님들께 전도하고, 믿음천국 불신지옥을 강요하며, 나아가 우상을 섬긴다고 사찰에 들어가서 땅 밟기를 한다거나, 불을 지르거나, 심지어는 불상이나 단군상 등의 목을 자르고, 법당에 똥을 뿌리기까지 합니다.

또 휴거의 때가 왔다고 모든 재산을 교회에 헌납하고, 단체로 모여 부활을 기다리는 등의 일들이 있는 것 등입니다.

선가禪家에 "부처를 만나면 부처를 죽이고 조사를 만나면 조사를 죽여라!" 하는 말이 있습니다. 이 말 속에는 하나님도 예수님도 부처님도 그 누구도 예외가 될 수 없습니다. 모두가 관념이요, 개념이요, 생각이요, 이름일 뿐입니다. 부처님의 팔만사천 법문의 요지는 바로 그 언어와 생각(관념)을 떠나 무심無心으로 나아가야 한다는 점을 분명히 하고 있습니다. 무심無心의 성취가 곧 참된 참회요, 거듭남이요, 부활이며, 천당이고, 구원이며, 니르바나이기 때문입니다. 따라서 마음속에 대단하게 떠받들고, 가치있다고 생각하는 것들을 모두 '죽여 없애라!'고 주문합니다. 무심無心에 어디 부처가 있고, 조사가 있으며, 하나님과 예수님이 있고, 선악과 죄가 있을 수 있겠습니까.

어느 불자의 고민

어느 날 법당에서 기도를 끝내고 나오려는데 어느 보살님 한 분이 저에게 자신의 고민을 들어달라는 것이었습니다. 그래서 다실에서 차를 한잔 대접하면서 이야기를 나누었습니다.

고민인즉, 대학을 다니는 아들이 있는데 교회에 빠져서 가끔 집에 들어오지도 않고 교회에서 거의 산다는 걱정이었습니다. 이 일을 어쩌면 좋겠느냐며 크게 한숨을 내 쉬었습니다. "한 집에 종교가 둘이면 안 될 것 같고 해서 어떻게든 아들을 설득하려고 하는데 전혀 말을 듣지 않는다"고 하시는 겁니다.

그래서 제가 질문을 드렸습니다.

"보살님은 부처님이 더 소중합니까? 아니면 아드님이 더 소중합니까?"

"그야 물론 아들이 더 소중하지요."

"당연합니다. 그러니 아드님 말을 들으십시오. 아드님을 따라가십시오. 아드님에게 가장 중요한 것은 종교가 아니라 아들을 사랑하고, 아들을 믿어주는 어머니가 있다는 사실입니다. 어머니의 사랑과 어머니의 믿음이 아드님을 더 큰 사람으로 만들어 줄 겁니다."

그러고는 제가 그 절을 나올 때까지 다시 그 보살님을 뵙지 못했습니다. 글쎄요, 정말 아들을 따라 교회를 다니고 계시는지 모를 일입니다. 어쨌든 종교라는 것은 사람이 더 잘 살기 위해서 본래는 없던 것을 사람들이 만든 가치입니다. 옛날에는 종교라는 것도 없었을 뿐만 아니라 또 종교 없이도 잘 살았습니다. 지금도 종교라는 것이 뭔지도 모르지만 잘살고 있는 분들이 많이 있습니다.

출가 수행자이든, 목사님이든, 신부님이든, 기독교인이든, 불자이든, 그 어떤 종교인이든, 예배당에 가면 십자가에 절할 수 있고 법당에 오면 부처님께 삼배 할 수 있습니다. 찬송가를 부를 수도 있고, 염불을 할 수도 있습니다. 무엇이 문제입니까? 안 하면 또 어떻습니까? 서두에 말씀을 드렸습니다만 종교란 내 것, 네 것이 있을 수 없습니다. 다 내 것이며 인류의 것일 뿐입니다. 예수님도 나의 스승이며, 부처님도 나의 스승일 뿐입니다. 옳은 것은 배워서 내 것으로 만들면 그만입니다. 그중에 부분적으로 잘못된 것이 있다면 배우지 않으면 됩니다. 그리고 신부님이든, 목사님이든, 스님이든, 성직자 혹은 수행자로서 동등하게 존경하고 귀의해야 합니다. 다만 어떤 분이든 이타적이며, 사심 없는 마음의 그 정법正法을 지니고 있어야 할 것입니다.

어쨌든 어떤 경우에라도 종교 때문에 갈등하고, 종교 때문에 불필요한 반목이 발생된다면 차라리 종교를 버리는 것이 더 현명합니다. 종교보다 더 중요한 것은 현재의 삶이고, 함께 사는 사람과의 화합입니다. 절집에서 흔히 하는 말로 "대중이 원하면 소도 잡아먹는다"라는 말이 있습니다. 이 말은 불살생不殺生을 가장 중요한 계율로 여기는 불가에서 얼마만큼 함께 사는 대중들의 화합을 중요하게 여기는지 잘 보여주는 말입니다.

수행을 해서 부처되는 일보다 더 중요한 것이 지금 살아가는 현재의 삶 속에서 대중의 화합이며 그러한 화합도 못 이루고서 어찌 열반을 구하고, 믿음을 말하며, 예수와 부처를 논할 수 있겠습니까? 간혹 종교 간에 또는 가족 간에 종교가 종교로서의 역할을 벗어나서 전도되는 상황을 목도하게 되는 것을 볼 때마다 참으로 가슴이 아프지 않을 수 없습니다. 사람에 따라 교회든 사찰

이든 자신의 근기와 성장에 맞는 적합한 가르침과 수행처가 있을
수 있다고 생각합니다. 종교는 인류의 정신적 산물이며, 따라서
내 것 네 것이 있을 수 없습니다. 모두 함께 배워야 할 높은 가르
침입니다.

본래무일물

등불 하나

어떤 이가 처음 등불을 밝혔습니다.
그 하나의 등불은
어느새 1,250개의 등불이 되었습니다.
그리고 그 등불은 손에서 손으로
마음에서 마음으로 전해졌습니다.

오래도록
꺼지지 않았습니다.
그렇게 온 세상을 밝히고
2,500년의 시간을 지나
마침내 그 등불은 나에게까지 이르렀습니다.

나는 잠 못 이루는 자였고
나는 지친 나그네였습니다.
어리석게도 멀고 먼 생사의 길을 걷고 있었습니다.
나는 어둠 속에 있었고
그 어둠이 어디에서 오는 것인지 몰랐습니다.
나는 고통 속에 있었고
그 고통이 무엇 때문인지 몰랐습니다.

당신의 등불이 전해져
내 가슴에 한 줄기 빛이 되었을 때
그것은 등불이 아니었습니다.
그것은 나도 모르게 흐르는
한 줄기 눈물이었습니다.

저는 말없이 당신 앞에 엎드렸습니다.
그리고 오래도록 되뇌었습니다.
감사합니다.
감사합니다.
부처님!

본래 문제 자체가 없다

싯다르타 태자가 마침내 출가할 것을 결심하고 부왕을 찾아 갑니다. 부왕은 출가를 만류하면서 태자에게 말합니다.

"네 소원이 무엇이냐? 모두 들어줄 것이니 말해 보라."

태자가 말합니다.

"늙지 않고, 병들지 않고, 죽지 않는 법을 알려 주십시오."

부왕은 대답할 수가 없었습니다.

싯다르타 태자는 카필라성을 떠나 출가 후 6년의 고행 끝에 마침내 니렌자라 강가 보리수나무 아래에서 동쪽 하늘에 빛나는 샛별을 보시고 마침내 깨달음을 성취하셨습니다. 싯다르타 태자는 도대체 새벽별을 보고 무엇을 깨달았을까요?

　'신광'이란 스님이 9년 동안 면벽하고 있는 '달마'를 찾아갔습니다. 그러나 '달마'는 오직 면벽만 하고 있을 뿐 '신광'을 무시했습니다. 그럼에도 '신광'은 포기하지 않고 간청합니다. 그렇게 시간이 흘렀고 하늘에선 눈이 내렸습니다. 더 많은 시간이 흘렀고 오랫동안 눈밭에 앉아서 법을 구했으나 여전히 답이 없었습니다. 그러자 '신광'은 자신의 팔을 잘라 깨닫고자 하는 간절한 마음을 '달마'에게 전합니다. 그것을 보고 비로소 '달마'가 '신광'을 받아들입니다.

　'신광'이 묻습니다.

　"마음이 괴롭습니다. 이 괴로운 마음을 편하게 해 주십시오!"

　그러자 '달마'가 되묻습니다.

　"그 괴로운 마음을 가져오너라. 편안케 해 주리라."

　"마음을 찾아도 찾을 수가 없습니다."

　"벌써 너의 마음을 편안케 하였느니라."

　'신광'은 언하言下에 활연대오豁然大悟하고 '달마'에게 말합니다.

　"오늘에야 모든 법이 본래부터 공적하고 깨달음이 멀리 있지 않음을 알았습니다."

　'달마'가 '신광'에게 말합니다.

"이제 '신광'이란 이름을 고쳐 '혜가'라 하라."

그렇게 '신광'은 달마의 법을 이은 2조 '혜가'가 되었습니다. 이 아주 간단한 문답 속에 도대체 '혜가'는 무엇을 깨달았다는 것일까요?

8세기 중국 당나라 때 '마조도일' 스님의 일화가 전해집니다. '마조'가 제자와 함께 갈대숲을 가로질러 걷고 있었습니다. 사람의 발소리에 놀란 한 떼의 새가 푸드득 날아올랐습니다. 그때 문득 '마조'가 제자에게 묻습니다.

"뭐지?"

제자가 대답했습니다.

"물오리입니다."

'마조'가 다시 묻습니다.

"어디로 갔지?"

제자가 손가락으로 새들이 날아간 방향을 가리키며 말했습니다.

"저쪽으로 날아갔습니다."

그러자 '마조'는 곧 제자의 코를 비틀었습니다.

"아이쿠!"

제자가 코를 쥐고 비명을 질렀습니다.

"날아갔다더니 여기 있지 않느냐?"

그 순간 제자는 크게 깨달았습니다.

마조의 제자는 도대체 무엇을 깨달았다는 것일까요?

사리불 존자는 어느 날 길에서 부처님의 최초 다섯 제자 가운데 한 사람인 '마승(앗사지)' 비구를 만났습니다. 마승 비구는 코끼리 왕이 길을 가듯이 앞만 보고 갈 뿐 이리저리 돌아보지 않았으며, 돌아보더라도 사자처럼 온몸을 돌려서 보는 것이었습니다. 사리불은 마승 비구의 걷는 모습을 보고 느낀 바가 있어 물었습니다.

"존자는 어떠한 분이시며, 누구를 스승으로 모시고 있습니까?"

"나의 스승은 카필라국의 왕자로서 출가하여 부처가 되신 고타마요."

"어떤 법을 배우셨습니까?"

"제법종연생諸法從緣生 제법종연멸諸法從緣滅, 모든 존재하는 것들은 인연을 따라 생겨나고 모든 존재하는 것들은 인연이 다하면 소멸한다."

이 한마디에 사리불은 크게 깨달아 부처님께 귀의하였습니다.

사리불은 그 연기법 한 구절에 도대체 무엇을 깨달았다는 것일까요?

싯다르타 태자의 깨달음도, 달마를 찾아간 혜가의 깨달음도,

마조가 코를 비틀어 알게 된 제자의 깨달음도, 마승을 만난 사리불의 깨달음도, 또 그 이후의 무수한 조사님들의 깨달음도, 그분들은 도대체 무엇을 깨달았다는 것입니까?

그렇습니다. 핵심은 연기법입니다. 연기법을 쉽게 말하면 "콩 심은 데 콩 나고 팥 심은 데 팥 난다"라는 말과 같고, "세상에는 공짜가 하나도 없다"는 말과 같습니다. 그렇다면 삼척동자도 다 아는 이 간단한 가르침이 부처님의 그 위대한 연기법 맞습니까? "예!" 바로 그 연기법 맞습니다. 때문에 늙지 않고, 병들지 않고, 죽지 않는 법이 연기법을 깨닫는 것이요, 달마와 혜가의 깨달음이 이 연기법을 깨달은 것이며, 마조께서 코를 비튼 그 제자의 깨달음도, 마승을 만난 사리불의 깨달음도, 원효가 해골바가지 속의 물을 마시고 난 후의 깨달음도, 그저 이 연기법 한 가지이니 "세상에는 단 하나도 공짜는 없다"는 것과 "콩 심지 않으면 콩이 나지 않고, 팥 심지 않으면 팥이 나지 않는다"는 간단한 진리를 깊이깊이 되새기고 사무치게 알아차리면 될 뿐입니다.

내 마음에 '나'를 심으면 이 세상의 모든 것들이 '나'를 중심으로 '너와 나', '내 것 네 것', '삶과 죽음'의 이분법으로 배열되고, 내 마음에 '나'를 심지 않으면 이 세상의 모든 것들이 나지도 멸하지도 않는 불생불멸不生不滅이며, 더럽지도 깨끗하지도 않는 불구부정不垢不淨이요, 늘지도 줄지도 않는 부증불감不增不減의 본래 모습(공성空性, 식識) 그대로일 뿐입니다. '나'를 심으면 나를 위한 욕심이 일어나고, 욕심이 일어나면 '나의 업'이 지어지고, 나의 업이 지어지면 '나의 업력業力'이 형성되고, 나의 업력이 형성되면 그 업력의 힘으로 어찌할 수 없이 '나'로서 윤회가 이뤄지게 되는 것입니다. '나'가 있으면 '나'라는 생각이 인因이 되어 인연업과因緣業果의 연기緣起를 이루게 되고 따라서 단 하나도 공짜가 없는, '내 몸'의 '나'로 살아내야 하는 사바세계가 펼쳐지게 됩니다.

반대로 '나'라고 주장할 아상我相이 없어지면 근본 인因이 없으므로 인연업과因緣業果의 세계가 이뤄지지 않고, 따라서 모든 것이 공짜인 부처님 세상이 펼쳐지게 됩니다. 몸으로 살아야 하는 공짜 없는 세상을 사바세계라 하고, 모든 것이 공짜인 세상을 '니르바나'라 합니다.

따라서 깨달음이란 본래 문제 자체가 없었다는 사실을 깨닫는 것일 뿐 다른 것이 없습니다. 스스로가 '나'를 심고 '나'로서 발생하는 모든 문제를 끌어안고 놓아주지 않았을 뿐입니다. 오히려 그렇기 때문에 깨치신 분들이 깨달음에 대해 말씀하시길 "세수하다 코 만지기보다 쉽다"고 하는 것입니다.

지옥을 간다 해도 두려워할 것이 없습니다. 극락을 간다 해도 좋아할 것이 없습니다. 본래 '나'란 착각에 다름 아니기 때문입니다. 내가 없고 내 몸이 없는 곳에 어찌 지옥이 있고 극락이 있을 것이며, 어찌 삶이 있고 죽음이 있을 것이며, 어찌 아픔이 있고 병 듦이 있을 수 있겠습니까?

그러니 부디 "콩 심은 데 콩 나고 팥 심은 데 팥 난다"는 연기 법대로 마음에 '나'를 심지 마십시오. 마음에 '나'를 심으면 탐내고, 성내고, 어리석은 마음이 연기되어 일어납니다. 그러나 '나'를 심지 않으면 니르바나로 존재합니다. 니르바나를 다른 말로 '공성空性'이라고도 하고, '불성佛性'이라고도 하며, '진공묘유眞空妙有'라고도 하고, '본각本覺'이라고도 하며, '원각圓覺'이라고도 하고, '청정법신비로자나불'이라고도 하며, '한량없는 목숨, 한량없는 빛' 즉 '무량수無量壽, 무량광無量光'이라고도 하고, 또 유식唯識이라고도 합니다. 따라서 존재는 착각이 아닙니다. 그러나 '나'로서 '내 몸'으로서의 존재는 착각입니다. 그러니 삶도 죽음도 본래 없음을 믿으십시오. 편안하게 '나'와 '내 몸'에 대한 집착 즉 탐내고, 성내고, 어리석은 마음을 내려놓아도 좋습니다. 걱정하지 마십시오.

"제법종연생諸法從緣生 제법종연멸諸法從緣滅, 모든 존재하는 것들은 인연을 따라 생겨나고 모든 존재하는 것들은 인연을 따라 소멸한다."

부처님께서는 오래전에 이미 "늙지 않고, 병들지 않고, 죽지 않는 법"을 고구정녕 일러주고 마쳤습니다.

속고 사는 인생

『금강경』에서는 사상四相을 이야기합니다. 사상이란 우리가 속고 있는 대표적인 것으로써 아상我相·인상人相·중생상衆生相·수자상壽者相을 말합니다.

『금강경』의 말씀은 결국 우리가 속고 있는 네 가지에 대해서 이제는 속지 말라는 가르침에 다름 아닙니다. 말하자면 '아상我相' 즉 '내가 있다'고 굳게 믿고 있는 이것이 곧 무명無明에 의한 큰 착각에 불과할 뿐이라는 것입니다.

오늘은 무술년 백중천도재 입재법회입니다. 백중재는 범어 '울람바나ullambana'를 소리대로 번역한 것으로, '우란분재盂蘭盆

齋'가 되었습니다. 뜻은 '도현倒懸'이라 번역하였고, "거꾸로 매달려 있다"는 뜻입니다. "악도에 떨어져서 마치 거꾸로 매달려 고문을 당하는 것과 같은 고통을 받고 있는 영가들을 위해 재를 베풀어 줌으로써 그 괴로움으로부터 벗어나게 하는 것을 말한다"고 합니다.

백중천도재는 그러나 죽은 영가만의 일이 아닙니다. 왜 자꾸 죽은 사람의 천도재를 산 사람들로 하여금 지내주게 하느냐 하면 죽은 자와 함께 산 사람들도 천도가 필요하기 때문입니다. '울람바나' 즉 산 자도 죽은 자도 '내가 있다'는 전도몽상에 사로잡혀 거꾸로 매달려 고통 속에 살고 있기는 매 한 가지이기 때문입니다.

우리는 왜 스스로 속고 속이며, 고통 속에 거듭 생로병사하고 있을까요? 그 이유는 다음과 같습니다. 예컨대 절에는 처마 끝에 풍경이 달려 있습니다.

"땡그랑~ 땡그랑~"

풍경에는 왜 하필 물고기를 달아놓았을까요? 그렇습니다. 우리가 사는 이곳은 공성(空性, 식識)의 깊은 바다 속이라는 암시입니다.

깨달으신 분들은 여실하게 이 공성의 바다를 볼 수 있다고 하지요. 그래서 깨달음을 일러 "성품을 본다"라는 뜻의 견성見性이라고 합니다. 불교에서 '마음'이라고도 하고, '식識'이라고도 하며, '법성法性'이라고도 하고, '공성空性'이라고도 하며, '진공묘유眞空妙有'라고도 하고 또 인격화하여 '청정법신비로자나불'이라고도 부르는 것은 물을 '워터water'라고도 부르고, '수水'라고도 부르고, '물'이라고도 부르듯 같은 공성空性을 이해를 돕기 위해 여러 가지 이름으로 부르는 것뿐입니다.

부처님께서 "해인삼매海印三昧에 들어 『화엄경』을 설했다"고 하고, 또 『화엄경』을 편집했다는 용수보살Nagarjuna께서 "『화엄경』을 깊은 바다 속 용궁에서 가져왔다"고 하는 등의 말을 하는 이유입니다.

본래 공성空性인 식識이 색성色性인 몸을 '나'로 삼으면 '아상我相'이 일어나고, 너와 내가 나뉘며, 탐진치의 번뇌가 일고, 목숨에 대한 두려움이 발생하며, 업이 쌓이고, 따라서 무명의 긴 윤회 속에 갇히게 됩니다. 따라서 '내'가 존재한다고 믿는 '아상我相'은 실상과는 전혀 다른 전도몽상일 뿐이라는 것입니다.

물고기가 물속에서 물을 찾는다면 도대체 얼마를 달려가야 물을 찾겠습니까? 또 얼마의 시간이 필요하겠습니까? 그렇습니다. 실은 아무것도 필요치 않습니다. 다만 물고기의 미망迷妄을 걷어내면 그대로 그곳이 물속이기 때문입니다. 자신의 전도몽상은 그대로 두고 온 세상을 찾아다닌들 그리고 평생을 찾아다닌다고 한들 그 또한 그저 물속의 일일 뿐입니다.

"스스로 속아서 '나'라 하고, '내 몸'이라 하고, '내 것'이라 하며, '산다, 죽는다' 하시는 이여!"

'내가 있다'는 생각에 거꾸로 매달려 고통 속에 살지 마시고, 그만 꿈 깨시고 그만 눈 뜨십시오. 우리가 속고 있는 것이 무엇입니까? 오직 이 몸을 '나'라고 잘못 생각한 '아상'의 한 생각 무명뿐 다른 것이 없습니다.

산사의 처마 끝 물고기의 '풍경소리'를 들어보십시오. 눈을 뜨고 나면 우리가 살고 있는 이곳은 본디 '나'도 없고 생사도 없는, 니르바나요, 오직 식識밖에 없다는 그 유식唯識의 깊은 바닷속일 뿐이라 했습니다.

평등과 연기

인도에는 불교가 사라졌다가 다시 조금씩 부활 중입니다. 불교의 발생지인 인도에서 불교는 왜 사라져야 했을까요? 여러 가지의 이유가 있었을 것입니다만 그 중 하나는 아마 불교가 평등의 사상을 기반으로 한 종교이기 때문이 아닐까 생각합니다. 인도는 계급사회인데 모두가 평등하다고 하면, 브라만이나 크샤트리아, 즉 종교계급이나 정치계급이 받아들이고 싶지 않았을 것입니다. 그들은 자신들의 기득권을 지키기 위해서 오히려 불교의 평등사상을 빼버리고 나머지를 힌두교에 흡수하지 않았을까? 아마 그것이 불교가 인도에서 소멸하게 된 가장 직접적인 원인이 아니었을까 하는 것입니다.

반면에 하층계급인 바이샤나 수드라들이 흔히 하는 말로 혁명을 일으켜야 할 것인데 그러한 계급사회가 부당하다는 생각을 하지 않았는지 혹은 대중들의 힘과 의지가 미치지 못했는지, 지금까지도 인도는 여전히 계급사회를 벗어나지 못하고 있습니다. 평등을 강조하는 불교가 사라져야 했을 만큼 인도는 현재도 계급사회이며 평등하지 않습니다.

그렇다면 북한의 평등은 어떨까요? 모두가 같이 일하고, 모두가 같이 먹고산다는 공산주의인데 말입니다. 김일성, 김정일, 김정은의 배는 오히려 불평등의 상징처럼 대를 이어 같은 모습으로 튀어나와 있습니다. 그들이 주장하는 모두가 같이 일을 하고 같이 먹고 산다는 평등은 이름뿐인 평등국가가 분명합니다.

불교에서는 우리가 살고 있는 이곳을 "참고 견뎌야 살 수 있다"는 '사바세계'라 합니다. 인류는 모두가 평등하게 잘 사는 세계가 이루어지길 바랍니다. 그러나 현실은 결코 그렇게 될 수 없는 모순으로 가득합니다. 그렇지만 역설적이게도 현재의 불평등하고 모순으로 가득한 이 세계가 사실은 불평등한 상태 그대로 불교에서 말하는 평등한 세계라는 사실을 알아차려야 합니다. 우리가 살아가는 이 세계가 설령 사바세계가 아니라 지옥의 세계라도 혹은 극락의 세계라도 또 위에서 거론한 인도의 계급사회거나 북한의 평등을 주장하는 공산주의 사회라도 본질적으로 결코 불평등한 세계는 존재할 수 없다는 사실입니다.

연기법을 벗어나는 세계란 우주의 어느 곳에도, 지구촌 어느 국가에서도 결코 존재할 수 없기 때문입니다. 지금 현재가 불평등한 것처럼 보일지라도 그것이 현재 불평등하게 보이는 것일 뿐 결코 불평등하지 않은 것은 과거 없는 현재는 존재할 수 없으며, 현재 없는 미래 또한 존재할 수 없기 때문입니다. 따라서 지금 불평등한 것은 그만한 과거의 원인이 있었기 때문이며, 그 원인으로 말미암아 불평등한 것처럼 보이는 현재가 나타나 있을 뿐입니다. 노력한 사람과 노력하지 않은 사람이 평등하다면 그것이야말로 참으로 불평등한 것이 아니고 무엇이겠습니까?

축구장에서 제가 박지성 선수에게 왜 나보다 축구를 더 잘 하느냐고, 불평등을 말한다면 무어라 대답할까요? "스님도 열심히 축구하면 언젠가는 나 따라 올 수 있습니다. 금생은 아마 어렵겠지만요?"라고 하지 않을까요? 결국 불평등이 곧 평등이라는 역설이 연기의 실상임을 부정할 수 없습니다. 그렇기 때문에 무엇보다 노력해서 성취하고 나면 불교에서는 늘 회향을 강조합니다. 회향을 하는 삶이 곧 보살의 삶이기 때문입니다.

이 세상은 본래 두 가지의 힘으로 작동합니다. 첫째는 약육강식弱肉强食의 힘이요, 둘째는 보살지심菩薩之心의 힘입니다. 약육강식은 이기심의 힘이요, 보살의 마음은 이타심의 힘입니다. 이 두 가지 힘이 우리 사회에서 균형이 깨지지 않도록 하는 것이 곧 사찰과 스님들과 불자들이 해야 하는 역할입니다.

여기서 또 한 가지 더 짚어 보자면 인간의 몸의 진화는 이기심을 극대화해서 모든 생명들을 잡아먹고 지배하게 되면서 지금의 인간으로 진화해 왔습니다. 그러나 영혼의 진화, 즉 인간에서 보살로, 보살에서 부처로의 진화는 결코 이기심만으로는 이룰 수 없는 세계입니다.

부처님을 양족존兩足尊이라 하지요. 복과 지혜를 모두 갖추었다는 뜻입니다. 복福이란 자신의 능력을 이름이요, 지혜智慧란 남을 위한 회향을 이름입니다. 우리 삶이 이 몸뚱이 하나를 위하는 것만이 전부라면 약육강식의 지구에서 이미 인간의 진화는 별 의미가 없을 것입니다만 그것이 끝이 아니기에 회향의 삶으로 어려운 사람들을 돕고 지혜를 성장시켜야 합니다.

진화의 선상에서 이기적이거나 이타적인 두 부류가 있을 수밖에 없지만, 그러나 모든 깨달으신 분들께서는 한결같이 이타적인 삶을 강조하신 것은 더 높은 고귀한 삶이 있기 때문입니다.

예수님은 말씀하십니다.

"5리를 가자고 하면 10리를 함께 가고, 왼뺨을 때리면 오른뺨을 돌려대라."

또 부처님은 말씀하십니다.

"남에게 베풀지만 베푼다는 생각도 없이 베풀어라."

두 분 모두 이타심을 강조하시는 말씀입니다. 왜 그럴까요? 자기만을 위하는 이기심으로는 더이상 영혼의 진화는 기대할 수 없기 때문입니다. 똑똑한 이기심으로 이룰 수 있는 세계는 약육강식의 사바세계요, 지혜의 이타심으로 이룰 수 있는 세계는 부처님의 니르바나의 세계이기 때문입니다. 부처님께서도 보살로서 과거 오백생을 사셨다 했으며『화엄경』「보현행원품」에는 "보살은 중생으로 인해 자비심을 일으키고, 자비심으로 인해 보리심(깨닫고자 하는 발심)을 내며, 보리심으로 인해 깨달음을 이룬다"고 했습니다.

현재 우리 사회가 불평등하다고 생각한다면 그렇게 생각하는 분들이 평등한 사회를 만들기 위해 노력해야 합니다. 우리가 부러워하는 서구의 나라들이 하루아침에 오늘의 복지국가가 된 것은 아니기 때문입니다.

고귀한 삶이란 부처님의 삶과 같이 복과 지혜를 동시에 성취하는 삶입니다. 몸의 진화든 영혼의 진화든, 거저 얻어지는 것은 없습니다. 지금 불평등한 것처럼 보일 뿐 세계는 언제나 평등했고 평등할 것입니다. 과거 없는 현재가 없듯이 현재 없는 미래 또한 없기 때문입니다.

조고각하 照顧脚下

    부처님의 여래십호 중 여래如來라는 명호가 있고 선서善逝라는 명호가 있습니다. 여래如來는 진여眞如 그대로 오신 분이란 뜻이고, 선서善逝는 진여眞如 그대로 가신 분이라는 뜻입니다. 진여眞如는 본래 오고 감이 없지만 중생의 눈으로는 몸이 태어났다가 죽어 없어졌으므로 태어남과 죽음을 말하지 않을 수 없을 것입니다.

    『삼국유사』에는 경주 만선북리萬善北里에서 과부의 아들로 태어난 '사복'이의 오고 간 이야기가 전해집니다.

    경주 만선북리에 한 과부가 있었는데, 남편도 없이 아이를 낳았다고 합니다. 그 아이는 나이 12세가 되어도 말도 하지 않고 또 일어나지도 못했습니다. 그래서 이름을 사복蛇卜이라 불렀습니다. 그런데 어느 날 그의 어머니가 죽었습니다. 그러자 사복이는 일어나 원효 스님을 찾아갑니다. 원효 스님은 고선사高仙寺에 있다가 그를 보고 맞이했으나 사복이는 답례도 하지 않고 말했습니다.

"그대와 내가 옛날에 경을 싣고 다니던 암소가 지금 죽었으니 같이 장사지냄이 어떤가?"

원효 스님은 그와 함께 사복이의 집으로 갔습니다. 사복이는 원효 스님에게 포살(布薩, 계를 일러주는 것)을 시켜 계戒를 주게 하니 원효 스님은 그의 시체 앞에 가서 빌었습니다.

"나지 말아라. 죽는 것이 괴롭다. 죽지 말아라. 나는 것이 괴롭다."

사복이가 옆에서 듣고 있다가 "너무 말이 길다" 하니 원효 스님은 말을 고쳐 "생사가 모두 고다"라고 고쳐 말했다고 합니다.

두 사람이 상여를 메고 활리산活里山 동쪽 기슭으로 갔습니다. 원효 스님이 말하길 "지혜 있는 호랑이를 지혜의 숲속에 장사지내는 것이 어찌 마땅하지 않은가?" 하니 사복이는 다음과 같은 게송을 지어 읊었습니다.

"옛날 석가모니 부처님께서는 사라수 사이에서 열반涅槃하셨네. 지금 또한 그 같은 이가 있어 화장세계華藏世界[38]로 들어가려 하네."

　말을 마치고 한 움큼 띠풀을 뽑으니 그 밑에 명랑明朗하고 청허淸虛한 세계가 있는데 칠보로 장식한 난간에 누각이 장엄되어 인간의 세계는 아닌 것 같았습니다. 사복이가 어머니의 시체를 업고 그 속에 들어가니 갑자기 땅이 합쳐져 버렸습니다. 이것을 보고 원효 스님은 그대로 돌아왔다 합니다.

　이 이야기에서 띠풀은 아마도 '나'로부터 일어나는 탐진치의 집착과 번뇌를 말하는 것이겠습니다. 그 띠풀을 뽑아내면 그 자리가 바로 『화엄경』에서 말하는 연화장세계이며 여래如來와 선서善逝의 오고 감이 없는 진여眞如의 세계일 것입니다. 그 세계가 항상 행복하므로 '화장세계花藏世界'라 했습니다.

　『금강경』에는 그 띠풀 뽑아낸 자리를 일러 "응무소주이생기심應無所住而生其心" 즉 "머무는 바 없이 마음을 내라"고 했습니다. '나' 없는 마음이 곧 "머무는 바 없는 마음"이요, '나' 없는 마음이 곧 진여眞如요, 선서善逝요, 화장세계입니다. 필요해서 소유하지만 집착하지 않는다면 바로 그 자리가 한 움큼 띠풀을 뽑아낸 가

38　화장세계(華藏世界) : 연화장세계의 약칭. 연꽃에서 출생한 세계 또는 연꽃 중에 함장(含藏)된 세계라는 뜻. 비로자나여래의 과거의 원(願)과 수행에 의해서 아름답게 장엄된 세계.

장 행복한 자리일 것입니다.

가족이 있는 여러분들이 아무것도 소유하지 않는다면 그것은 무책임한 일이 될 것입니다. 그러나 모든 것을 가졌으되 또 모든 것에 집착함 없이 살 수 있다면 참 화장세계의 삶이라 할 것입니다.

'무소유無所有'란 하나도 갖지 않는다는 뜻이 아니라 어느 한 곳에도 집착함이 없는 것을 말하는 것입니다. 집착이 있으면 '나'로 존재하게 되고 집착이 없으면 '나 없이' 존재하게 됩니다. 바뀐 것은 집착뿐입니다. 그러나 결과는 매우 큰 차이가 있습니다.

여래如來는 "진여眞如 그대로 오신 분"이요, 선서善逝는 "진여眞如 그대로 가신 분"입니다.

『반야심경』에는 "나지도 죽지도 않고, 더럽지도 깨끗하지도 않고, 늘지도 줄지도 않는다"고 했습니다. 중생의 눈에는 오직 몸밖에 보이지 않으니 태어나고 죽음이 있지만 진여의 세계에서는 사람들 각각의 몸은 물론 사람들 각각의 마음에서 일어나는 무수 번뇌의 생각들조차 화엄법계의 그러한 연기緣起일 뿐이라고 봅니다.

송나라 때의 야보도천 스님의 게송이 전해집니다.

"젊어서부터 돌아다녀 먼 곳까지 익숙하니

몇 번이나 형악산을 돌고 소상강을 건넜던가.

하루아침에 고향 길을 밟으니

비로소 객지에서 보낸 세월이 길었던 것을 알았네."

미혹의 세계에서 살다가 깨달음을 얻게 된 것을 귀향에 비유했습니다. 야보도천 스님께서 깨닫고 보니 깨달은 자리가 바로 한 발짝도 움직이지 않은 그 자신의 고향이었다는 것을 알았습니다. 깨닫지 못한 삶은 아무리 영화를 누리며 화려하게 산다고 하더라도 그것은 모두가 고생이 극심한 객지요, 나그네 길에 다름 아닙니다.

끊임없이 밖을 향하고 끊임없이 원하고 갈망하던 그 집착뿐이던 '내가' 마침내 고향에 이르러 안과 밖이 없으며, 너와 내가 없으며, 탐내고, 성내고, 어리석음이 없는 그 무아無我의 행복을 노래하는 게송입니다.

사복이가 띠풀을 뽑아 어머니와 함께 들어간 그 자리가 바로 탐내고, 성내고, 어리석음이 없는 자리라면 그 자리가 오늘을 사는 우리들의 현재가 될 수 있었으면 좋겠습니다. 그렇다면 바로 이 자리가 여래如來요, 이 자리가 선서善逝일 것입니다.

이 자리가 온 곳이요, 이 자리가 간 곳일 것입니다. 진여열반의 세계가 띠풀 한 움큼 뽑아내면 있는 자리요, 한 움큼의 띠풀을 뽑지 못해서 우리들의 싸움은 오늘도 내일도 끝이 없습니다. 그래서 절에서는 조고각하照顧脚下라는 말을 자주 씁니다.

각명 선사에게 어느 승려가 물었습니다.

"조사가 서쪽에서 오신 뜻이 무엇입니까?"

"조고각하照顧脚下, 그대가 서 있는 자리를 살펴라."

지금 발 딛고 서 있는 이 자리! 그렇습니다. 지금 나의 마음에서 한 치도 떠나 있지 않다는 것입니다. 저와 여러분들이 지금 이 자리에서 어떤 번뇌로 살아가고 또 힘들어 하는지 무엇을 탐내고 무엇에 집착해 괴로워하는지, 『삼국유사』에서는 너무 쉽게 그 해결 방법을 제시하고 있습니다.

"조고각하照顧脚下, 띠풀 한 움큼 뽑으면 너의 발밑이 바로 그 화장세계華藏世界니라."

천지창조와 법계연기 法界緣起[39]

기독교 성경에는 "하나님께서 6일 동안 천지를 창조하시고 7일째 되는 날 쉬시었다"(창2:1)고 합니다만 굳이 기독교식으로 불교의 창조론과 종말론을 말한다면 연기법의 "모든 존재하는 것들

---

[39] 법계연기(法界緣起) : 화엄연기(華嚴緣起)라고도 한다. 『화엄경』의 사법계(四法界)는 다음과 같다. 사법계(事法界)는 현실의 미혹의 세계, 즉 모든 사물이 제각기 한계를 지니면서 대립하고 있는 차별적인 현상의 세계를 말하고, 이법계(理法界)는 언제나 평등한 본체의 세계, 즉 진실에 대한 깨달음의 세계를 말한다. 이사무애법계(理事無碍法界)는 이상으로써의 깨달음의 세계가 현실의 미혹의 세계와 떨어져서는 존재할 수 없는 세계를 나타내었고, 마지막으로 사사무애법계(事事無碍法界)는 현실의 개개의 존재가 서로 원융상즉(圓融相卽)한 연기관계에 있음을 역설한 것이다.

은 인연을 따라 생겨나고, 모든 존재하는 것들은 인연을 따라 소멸한다"는 그 제법종연생諸法從緣生은 곧 우주만물의 창조론이요, 제법종연멸諸法從緣滅은 그 종말론이 될 것입니다.

불교에서 말하는 창조와 종말은 그 어떤 신이나 혹은 부처님이나 그 누구에 의해서 창조되거나 소멸되는 것이 아닌, 다만 연기적생멸緣起的生滅이 있을 뿐임을 부처님께서 명백하게 밝혀 보여주고 있습니다. 제법은 무시 이래로 인연을 따라 끊임없이 생멸합니다. 따라서 인간의 관점에서 말하는 창조니 종말이니 하는 말은 법계의 관점에서 본다면 참으로 어불성설이 아닐 수 없습니다.

『화엄경』에서는 연기를 화엄연기華嚴緣起 혹은 법계연기法界緣起라 했고, 노자는 『도덕경』에서 연기를 무위자연無爲自然 즉 '함이 없이 저 스스로 그러하다'고 했습니다. 노자의 '함이 없다', '스스로 그러하다' 함은 화엄연기의 본뜻인 우주의 모든 존재는 '나' 없이 또는 기독교에서 말하는 그 '창조자' 없이 공성 스스로 연기緣起한다는 것입니다. '나'라는 '아상'이 주체가 되어 윤회가 이루어진다고 보는 것을 아뢰야식연기阿賴耶識緣起 혹은 업감연기業感緣起라 하지만 『화엄경』에서 말하는 법계연기法界緣起는 한발 더 나아가 우리들 각자의 몸과 그 몸을 '나'라고 생각하는 개개의 '아상我相'과 그 무수히 일어나는 번뇌조차도 "법계法界가 동시에 함이 없이 공성 스스로 연기되어진 것"으로 보는 것입니다. 우리들이 '나'라고 생각하고, '나'라고 믿고, '나'라고 느끼고, '나'로서 행동하며 살고 있지만 그 '나'라는 생각조차 실상은 '내가 아닌' 법계연기의 현현일 뿐이라는 것이요, 우리들의 몸도, 우리들의 생각도, 우리들의 삶도, 우리들의 죽음도, "우주법계가 저 스스로 그렇게 연기하고 있는 것"이라 하는 것입니다.

    그렇다면 '나'는 누구입니까? '나'는 정말 존재하고 있는 것일까요? '식識인 공성空性'과 '지수화풍地水火風'의 물질이 연기되어 '몸'과 '나'라는 '아상我相'이 만들어지고, 실존해 있는 것으로 느끼며, 울고 웃고 살아갑니다만 그 '나'라는 생각을 잠시 한번 쉬어보신다면, 그렇다면 이 세상이 어떻게 존재하고 있는지 비로소 여실如實히 알게 될 것입니다. 이것을 아는 것이 곧 '반야지혜般若智慧'[40]입니다. 그러하다면 어디에 집착하고, 무엇을 얻고자 하며, 왜 그리 목숨 걸고 살아야 할 것이 있겠습니까?

    무엇보다 먼저, 생각을 잠시 멈추고, 욕심을 내려놓고, 지금 무한 집착의 그 '나'와 '내 몸'과 '내 것의 소유'와 늘 두렵고 걱정스러운 '삶과 죽음'의 모든 인연들을 한번쯤 혹은 자주자주 천천히 그리고 자세히 보고 또 보아야 할 일입니다.

---

40   반야지혜(般若智慧) : 모든 사물의 도리를 분명히 꿰뚫어 보는 지혜를 말한다. 육바라밀 가운데 반야바라밀은 제불의 어머니라 일컬어지고, 나머지 다섯 바라밀을 성립시키는 근거로서 가장 중요한 위치를 차지한다.

위대한 지혜를 지닌 자는
다시 태어나지 않는다

이와 같이 나는 들었습니다. 한때에 세존께서는 꼬살라국의 수도 사위성에 계셨습니다. 그때 세존께서는 아침 일찍 옷을 입고 발우와 가사를 들고 바라문 우다야의 처소로 찾아가셨습니다. 그래서 바라문 우다야는 세존의 발우를 밥으로 채워드렸습니다. 두 번째 날에도 세존께서는 아침 일찍 옷을 입고 발우와 가사를 들고 바라문 처소로 찾아가셨습니다. 그래서 바라문 우다야는 두 번째 날에도 세존의 발우를 밥으로 채워드렸습니다. 세 번째 날에도 부처님이 찾아가시자 우다야는 세존의 발우를 밥으로 채워드리면서 다음과 같이 말했습니다.

"수행자 고따마가 자꾸만 오는 것은 귀찮은 일입니다."

세존께서는 이와 같이 우다야가 하는 말을 듣고 다음과 같이 게송으로 말씀하셨습니다.

"자꾸만 사람들은 씨앗을 뿌리고 자꾸만 하늘의 왕은 비를 내리네. 자꾸만 농부가 밭을 갈면 자꾸만 하늘의 왕은 다른 나라로 간다네. 자꾸만 거지는 빌어먹고 자꾸만 시주施主들은 보시한다네. 자꾸만 시주들이 보시하면 자꾸만 그들은 하늘나라로 간다네. 자꾸만 목우는 젖을 짜고 자꾸만 송아지는 어미를 찾네. 자꾸만 사람들은 지치고 두려워하고 자꾸만 어리석은 자는 모태에 든다네. 자꾸만 사람들은 태어나서 죽으니, 자꾸만 사람들은 시체를 묘지로 옮긴다네. 그러나 태어나지 않는 길을 발견하면, 위대한 지혜를 지닌 자는 다시 태어나지 않는다네."

세존께서 이와 같이 말씀하셨을 때 바라문 우다야는 세존께 다음과 같이 말씀 올렸습니다.

"존자 고따마여! 훌륭하십니다. 존자 고따마여! 참으로 훌륭하십니다. 존자 고따마여! 마치 넘어진 자를 일으켜 세우듯이 가려진 것을 열어 보이듯이 어리석은 자에게 길을 가르쳐 주듯이 눈 있는 자는 형상을 보라고 어둠 속에 등불을 가져오듯이 존자 고따마께서는 이와 같이 여러 가지 방법으로 진리를 밝혀주셨습니다. 그러므로 이제 세존이신 고따마께 귀의합니다. 또한 그 가르침에 귀의합니다.

또한 그 수행승의 모임에 귀의합니다. 존자 고따마께서는 재가 신

자로 저를 받아 주십시오. 오늘부터 목숨 바쳐 귀의하겠습니다."

—『잡아함경』42권

　이번 달은 윤4월이고, 생전예수재生前豫修齋[41]를 봉행하는 중
에 있습니다. 생전예수재란 지금 자신의 삶이 혹 욕망을 따라 맹
목적으로 살아가고 있는 것은 아닌지, 욕망을 따라 오히려 잘못
된 큰 인연업과因緣業果[42]를 짓고 있는 것은 아닌지 오늘 자신이
죽었다고 생각하고, 자신의 재를 자신이 지내면서 지금까지의 삶
을 한 번쯤 죽은 자의 시선으로 돌아보는 시간을 갖자는 것이 아
닌가 합니다.

　삶과 죽음이란 실은 둘이 아닌 것이기에 망자가 되어 자신의
재를 자신이 지내면서 죽음을 생각해 보는 것은 지금까지 잘 살
아온 것은 더 노력하고, 잘못 살아온 것은 빨리 멈출 수 있게 하
여, 후회 없는 삶을 살기 위한 것이라 할 것입니다.

　우리의 목숨은 불안하고 또 항상하지도 않습니다. 뿐만 아

---

[41] 　생전예수재(生前豫修齋) : 자신이 살아생전에 자신의 업장을 소멸하기 위해
　지내는 재.

[42] 　인연업과(因緣業果) : 인과(因果)는 인연업과(因緣業果)의 줄인 말로써 자신
　의 행위에 따라 그 결과가 분명함을 이르는 말.

니라 우리의 모든 소유와 인연들도 또한 항상하지 않습니다. 항상하지 않다는 무상無常은 부처님께서 말씀하신 진리의 모습입니다. 그러나 그것은 절반의 진리일 뿐입니다. 무상하다는 그 속에 깊은 진실이 숨어있기 때문입니다. 이 세상에 무상하지 않은 것이 무엇입니까? 그것을 찾으십시오.

부처님께서 무상을 강조하신 이유는 무상하지 않은 것을 말하고 싶었기 때문입니다. 자주 나무아미타불을 염하라는 소리를 많이 들으실 것입니다. 아미타불이란 명호의 뜻은 "무량수無量壽, 무량광無量光"이니 "한량없는 목숨, 한량없는 빛"이란 뜻입니다. 우리들의 본디 성품의 모습을 그렇게 명호에 밝혀 놓은 것입니다. 무엇이 무상無常합니까? 무명 속에 살고 있는 '나'와 '내 몸', '내 것', '삶과 죽음'만이 무상한 것일 뿐 무상한 것이란 본래 없습니다. 모두가 저 열반의 큰 자아에 닿을 수 있었으면 좋겠습니다. "위대한 지혜를 지닌 자는 다시 태어나지 않는다"고 했습니다.